Direito & Literatura

Coleção
Direito & Arte

Organizadores
Leonel Severo Rocha
Germano Schwartz

Conselho Editorial
Wilson Steinmetz
Luis Alberto Warat
Juliana Neuschwander Magalhães
Marcelo Galuppo
Ricardo Aronne
Alexandre Morais da Rosa

Conselho Consultivo
Paulo Ferreira da Cunha
Carlos Lista
Albert Noguera
Juan Antonio García-Amado

G589d Godoy, Arnaldo Sampaio de Moraes
Direito & literatura: ensaio de síntese teórica / Arnaldo Sampaio de Moraes Godoy – Porto Alegre: Livraria do Advogado Editora, 2008.

136 p.; 21 cm – (Direito & Arte: 2)
ISBN 978-85-7348-555-4

1. Direito. 2. Literatura. 3. Teoria do Direito. I. Título.

CDU - 342

Índices para o catálogo sistemático:
Direito
Literatura
Teoria do Direito

Coleção
Direito & Arte – 2

ARNALDO SAMPAIO DE MORAES GODOY

Direito & Literatura
Ensaio de Síntese Teórica

Porto Alegre, 2008

© Arnaldo Sampaio de Moraes Godoy, 2008

Capa, projeto gráfico e diagramação
Livraria do Advogado Editora

Revisão
Betina Denardin Szabo

Direitos desta edição reservados por
Livraria do Advogado Editora Ltda.
Rua Riachuelo, 1338
90010-273 Porto Alegre RS
Fone/fax: 0800-51-7522
editora@livrariadoadvogado.com.br
www.doadvogado.com.br

Impresso no Brasil / Printed in Brazil

Apresentação

A Coleção Direito & Arte chega ao seu segundo volume com a publicação da obra do Prof. Dr. Arnaldo Sampaio de Moraes Godoy, cujo objeto de pesquisa trata das possibilidades de enfrentamento teórico da conexão entre Direito e Literatura. Tem-se, portanto, que o texto é absolutamente compatível com os propósitos desta série jurídica: ser o veículo de divulgação das pesquisas existentes, no Brasil e no exterior, relativas à superação do isolacionismo do Direito via Arte.

O autor é, reconhecidamente, um dos pioneiros em solo brasileiro do estudo daquilo que se convencionou denominar, em nosso país, de Direito & Literatura. De fato, fiel à sua formação acadêmica com vertente anglo-saxã, desde há tempos vem tentando combinar os elementos do movimento *Law & Literature Movement*, já consolidado nos Estados Unidos da América, com a realidade brasileira. Sua obra sobre Monteiro Lobato e a questão do desencanto no Direito Brasileiro é, em especial, um aporte preciso e exemplificativo daquilo que a Literatura pode oferecer para o Direito do Brasil.

O texto, por seu turno, é, na esteira de suas pesquisas, uma análise das diversas fundamentações teóricas passíveis de serem utilizadas para a observação do Direito & Literatura. Assim, desde a já famosa classificação do movimento norte-americano (Direito *na, como* e da *Literatura*), passando pela hipótese do Direito como narração, até a hermenêutica, a obra apresenta uma correção conceitual ímpar, revelando um autor talentoso e maduro em suas atividades investigativas.

É por todos esses motivos que, temos certeza, o leitor travará contato com este livro da mesma maneira que ocorre quando absorve, pela primeira vez, o choque de uma grande obra artística: receio, espanto, e, após, admiração.

Porto Alegre – RS, Março de 2008.

Leonel Severo Rocha

Germano Schwartz

Sumário

1. Introdução 9

2. O Direito *na* Literatura 27

3. A Literatura no Direito 59

4. A Literatura como Possibilidade de Expressão do Direito 75

5. Direito, Literatura, Narrativa e Possibilidades Retóricas 81

6. Direito, Literatura e Hermenêutica 93

7. Direito, Literatura, Criptomnésia e Plágio 121

Bibliografia 131

1. Introdução

Estudos de *direito e literatura* multiplicam-se no Brasil não obstante o fato de que forte tradição positivista, analítica e tecnicista tenha sistematicamente abominado o vínculo de núcleos pretensamente jurídicos com demais campos epistêmicos. Em desfavor dessa tendência desdobram-se hoje grupos que se interessam em investigar o *direito na literatura* ou a *literatura no direito*. A relação entre *direito e literatura* sugere que se abandonem fronteiras conceituais clássicas. A par do direito *na* literatura, que consiste em se alcançar aspectos jurídicos na produção literária de ficção, pesquisa-se também a literatura *no* direito, isto é, pretende-se fazer teoria e crítica literárias em textos jurídicos, que variam de decisões judiciais a petições, com estações em excertos de doutrina; toca-se em material burocrático, mas não despreza o conteúdo discursivo das próprias normas jurídicas.

Neste último sentido, recorre-se à antiga classificação aristotélica, referente às modalidades do discurso (tema de retórica). Ao lado de discursos deliberativos (proferidos em assembléias políticas, onde se aconselha ou desaconselha, identificando-se o útil e o nocivo) e de discursos epidícticos (centrados no ouvinte, a exemplo de orações fúnebres, instâncias de louvor ou de censura, quando se separa o nobre do vil), encontram-se também discursos judiciários (típicos dos tribunais, acusando-se ou defendendo-se, buscando o justo e o injusto). É esta a taxonomia aristotélica. Estes últimos, discursos judiciários, permitem que se capte a *literatura no direito*, menosprezando-se a estética romântica, para a qual a literatura só seria identificada na ficção.

Há quem veja com ceticismo a aproximação entre direito e literatura; é que o conhecimento geral que a literatura propicia não se prestaria para solucionar questões marcadas pela lógica e pela abstração (cf. BARON, 2004, p. 2273). A aproximação entre esses dois campos do saber é ambiciosa (cf. WARD, 1993, p. 323 e ss.). A literatura permite que a discussão de problemas jurídicos tome os mais inesperados caminhos (cf. ARISTODEMOU, 1993, p. 153 e ss.). Cria-se campo interdisciplinar no qual se engendra crítica cultural muito expressiva (cf. POST, 2000, p. 1247 e ss.). É mais uma tentativa de se aproximar o direito aos demais núcleos de compreensão humana (cf. BARON, 1998, p. 1059). O modelo afirma o papel transcendente da literatura nas sociedades contemporâneas (cf. SEATON, 1999, p. 479 e ss.)

O estudo do *direito na literatura* mostra-se marcado por formulações pragmáticas. Justifica-se por percepções que dão conta de que o profissional do direito colheria, na literatura manancial de exemplos, indicações de efeito retórico, tinturas de cultura, demãos de generalidade sistêmica. O jurista conhecedor da literatura seria íntimo com os problemas da alma humana; na linha da advertência de Terêncio, para quem tudo que fosse humano não lhe seria estranho.

É o caso do advogado do júri, prenhe de exemplos tomados da literatura, que busca efeito retórico, pedagógico, e que simula cultura que impressiona, que seduz, e que comprova trajetória humanista; mas nem sempre humanizante. A prática infelizmente nos indica o abuso, o histriônico, o risível, e a própria literatura nacional flagra essas instâncias, de modo mordaz. Monteiro Lobato, formado em direito, e promotor por alguns anos no interior do estado de São Paulo, denunciou esse preciosismo vazio; o *Júri na Roça*, conto que incluiu em *Cidades Mortas*, é texto impressionante.

De forma menos pragmática, investiga-se também a presença do direito nos textos literários. Nesse sentido, a inquirição ganha foros exemplificativos. O discurso torna-se moralista. Textos literários, nos vários gêneros, da prosa à poesia, indicariam circunstâncias de referência ética. Essa leitura ingênua presta-se para captar a *anatomia de um desencanto*. Pretende-se demonstrar que a literatura de ficção seja amplo campo para identificação e problematização das mazelas do direito.

Passagens da literatura universal são apanhadas a laço e identificam justiça vendida, comprometida, instrumento de poderosos. Desfilam então Morus, Erasmo, Rabelais, Shakespeare e *tutti quanti*. Canonizam-se passagens de forma recorrente. Camus seria autor indispensável; *O Estrangeiro* potencializaria reflexões em torno do direito internacional. Kafka seria lembrança imperdível; *O Processo* refletiria a imbecilidade da superlativização da racionalidade burocrática.

Em âmbito de literatura brasileira, mais especificamente, o itinerário começaria com Gregório de Matos Guerra, poeta baiano do século XVII que hostilizava a barafunda da justiça colonial. Em seguida apontam-se os autores do século XIX. Manuel Antonio de Almeida, e seu *Memórias de um Sargento de Milícias*, bem como Martins Pena, e o saborosíssimo *Juiz de Paz na Roça,* são exemplos mais contundentes. O primeiro deles moteja do meirinho, do oficial de justiça. O último faz chacota do magistrado leigo do interior, e de corrupção latente, da qual desde então se desconfiava. A virada do século matiza literatura de sabor realista. O campeão é Machado de Assis. *Esaú e Jacó* substancializa enredo que opõe república e império, o novo e o velho, a sociedade democrática e a ordem escravocrata. Lima Barreto, também é símbolo daquele tempo. Escritor maldito, renegado pela Academia, marcado pela cor da pele e pela patologia significativa da exclusão, alcoólatra, morreu jovem. Lima Barreto é fonte perene de reflexões que aproximam conteúdos institucionais, jurídicos e políticos na produção literária. E será mais à frente explorado.

Obras de ficção abordam realidades e criticam instituições também por meio da imaginação topográfica e da descrição de lugares, viajantes e costumes. Captura-se a realidade, satiriza-se a política, exprime-se o que realmente se pensa, sem muitos rodeios. Recusa-se a moral, a política e o direito vigentes, de modo imperioso. Propõe-se mundo novo, nos escombros do mundo em que vivemos. Qualifica-se atrevimento inusitado, disfarçado sob prosa ficcional. Há tradição nesse sentido, e reporto-me às *Cartas Persas* de Montesquieu e às *Viagens de Gulliver,* de Swift. Esta última obra teria fortemente impressionado o nosso Lima Barreto, e há relações entre a *República dos Bruzundangas* e os mundos imaginários do criador de *Gulliver.*

A referida análise parte de fragmentos literários; é que "enquanto a literatura libera os possíveis, o direito codifica a realidade, a institui por uma rede de qualificações convencionadas, a encerra num sistema de obrigações e interdições"(OST, 2004, p. 13). Resgatam-se contadores de estórias, donos de arte que marcharia para um fim, na impressão do filósofo da melancolia (cf. BENJAMIN, 1985, p. 83). Pode-se creditar a autores de ficção o papel de reformadores do Direito (cf. WAGGONER, 1934, p. 107).

Montesquieu motejou da França pré-revolucionária, na qual o rei contava com conselheiro quase adolescente e com amante octogenária. Swift demonstrou o ridículo das pendengas entre liberais e conservadores, imaginando conflito entre defensores de sapatos de saltos altos que enfrentavam os partidários do uso de sapatos de saltos baixos. Lima Barreto denunciou as políticas do Barão do Rio Branco, fazendo-o na figura do imaginário Visconde de Pancombe.

Movimento investigativo inverso, plasmando *a literatura no direito*, focalizaria aspectos discursivos na fala jurídica, em todas as suas modalidades. É o caso do estudo de relações hermenêuticas carregadas de significados e de simbolismos, que transitam da retórica clássica para estratégias de persuasão. Ocupar-se-ia de miríade de fórmulas discursivas, a exemplo de sentenças, pareceres, petições e textos acadêmicos. Percebe-se ênfase em problemas de língua, e conteúdo semiótico da abordagem torna-se prisioneiro de articulações analíticas que não passam da rebarbativa triangulação entre emissor, receptor e mensagem. Estudam-se ruídos, identificam-se problemas de comunicação, afasta-se do realismo que provavelmente deveria informar a problematização do direito em país periférico, dependente, subserviente à orientação estrangeira.

A aproximação entre direito e literatura é recorrente na tradição cultural ocidental. Em tempos pretéritos o vínculo era menos problemático; o homem das leis o era também de letras, e Cícero pode ser o exemplo mais emblemático. A racionalização do direito (cf. WEBER, 1967, p. 301 e ss.), a burocratização superlativa do judiciário (cf. FISS, 1982), bem como suposta busca de objetividade por meio de formalismos (cf. MANGABEIRA UNGER, 1986), podem ter afastado esses dois nichos do saber.

Ao direito reservou-se entorno técnico, à literatura outorgou-se aura estética. Tenta-se recuperar o elo perdido. É o objetivo do presente ensaio.

O selo *direito e literatura* pode, no entanto, revelar pouco; há proliferação de nichos culturais que acrescentam ao direito um outro ponto de partida, ou de chegada, a exemplo de pesquisas que vinculam direito *e* economia (*Law and Economics*), direito *e* sociedade, direito *e* psicanálise, e tantos outros (cf. MORAWETZ, 2001, p. 450). De qualquer forma, não obstante críticas à obsessão ocidental para reduzir resíduos de conhecimento a disciplinas fechadas (cf. SCHLAG, 1996, p. 60 e ss.), *direito e literatura*, em princípio, não qualificaria disciplina, e nem mesmo método. A discussão pode ser vazia de conteúdo, e a aporia pode ser relegada à problematização do status do direito comparado, por exemplo.

Melhor identificarmos que o selo *direito e literatura* possa suscitar interações frutíferas, conduzindo o debate relativo às possibilidades e limites da compreensão do direito (cf. MORAWETZ, cit.). A partir do momento em que os estudos literários, originalmente centrados na natureza e na função da literatura (cf. WELLEK e WARREN, 1970), alcançam maior número de manifestações humanas, formatando-se os *cultural studies*, elege-se o direito como campo privilegiado para apreensão dos contextos sociais; trata-se de bem sucedido esforço de se aplicar a teoria literária fora do campo literário propriamente dito (cf. BINDER e WEISBERG, 2000, p. 3).

Os horizontes se multiplicam. Tem-se o direito *na* literatura, a literatura *no* direito, o direito *da* literatura, a literatura com padrão e impulso para a reforma do direito, bem como o amálgama entre direito e ficção, na busca de referenciais éticos, entre outros (cf. MORAWETZ, cit.). Mas há quem despreze a relação (cf. POSNER, 1998). Richard Posner, por exemplo, pretende que direito e literatura não têm nada a contribuir mutuamente; o pragmatismo que qualifica o pensamento do professor de Chicago admite, tão-somente, o vínculo entre direito e literatura nas reflexões referentes ao problema do plágio (ou a *criptomnésia*, ou a apropriação inconsciente) e dos direitos autorais (cf. POSNER, 2007). Mas também há quem veementemente hostilize essa posição, e que sardonicamente a desconsidere, relegando-a, especialmente, a tentativa de argumento de autoridade (cf. FISH, 1987).

Thomas Morawetz indica-nos que o direito *na* literatura se estende à descrição de advogados e de instituições jurídicas nos textos literários. Advogados desfilam como heróis, anti-heróis, vilões. Pode-se estudar o mundo simbólico do direito, a ordem e o caos, a par de se apontar, por exemplo, o artificialismo (ou o substancialismo) do direito natural. Corre-se o risco do recurso fácil e ingênuo das lições morais, da concepção de agendas didáticas prenhes de pieguice. É o que poderia ser discutido a partir da leitura de Dickens (*Bleak House*), Kafka (*O Processo*), Shakespeare (*O Mercador de Veneza*), Sófocles (*Antígona*), Coetzee (*À Espera dos Bárbaros*), para resumir radicalmente algumas sugestões. Tenta-se encontrar o jurídico no literário, explícita e subliminarmente.

Morawetz também nos dá conta da compreensão do direito *como* literatura. Investiga-se o conjunto de transmissão de significados, no espaço jurídico, marcado pelo autoritarismo e pelas injunções políticas. Instrumentos e estratégias literárias são aplicadas aos textos legais. Estudam-se métodos estilísticos e retóricos. Insiste-se na problematização do uso das metáforas. Ocupa-se de controvérsias características da epistemologia e da filosofia da linguagem.

O espaço é ocupado pela discussão chamada *pós-moderna*, proliferam técnicas de desconstrução, de *trashing*. O ambiente conta com seus magos. Desfilam Derrida, Paul DeMan, Foucault, Mark Tushnet. Recorre-se a Wittgenstein, Gadamer, Heidegger. Aponta-se o significado como algo *implantado pelos autores e construído pelos leitores*. Cuida-se da hermenêutica. Preocupa-se com estudos dos papéis representados por autores e leitores no contexto institucional. Ao direito reserva-se função de narrativa. Tenta-se encontrar o literário no jurídico, subliminar e explicitamente.

Thomas Morawetz ainda descortina um terceiro campo. Busca-se a literatura como instrumento e fator para a reforma do direito. Tenta-se verificar como a literatura popular poderia influenciar movimentos para mudança da legislação e das práticas judiciárias. Orienta-se para uma *literatura politicamente inspirada*. Pesquisa-se os efeitos sócio-legais da literatura (cf. MORAWETZ, cit.). A sugestão então nos remete a Dostoevsky (*Recordação da Casa dos Mortos*), Beecher-Stowe (*A Cabana do Pai Tomás*), Victor Hugo (*Os Miseráveis*), Zola (*Germinal*), Jorge Amado (*Capitães de Areia*). E citei um número muito pequeno. Mais pontualmente, há literatura de pregação revolucionária propriamente dita, de feição proselitista. Exemplo ilustrador é Leon Trotsky, que escreveu ensaios de sabor absolutamente revolucionário, a propósito de *Cultura e Arte Proletárias, Companheiros Literários de Viagem de Revolução*, entre outros (TROTSKY, 2007).

Entre nós eu poderia citar eventual exploração da literatura de cordel. Por exemplo, *"O Ladrão Besta e o Sabido"* é o título de um cordel de autoria de Roxinô, com ilustração de J. Borges, editado em Bezerros, no Pernambuco. Em poucos versos o cordelista subverte e questiona criminologia que nos impõem goela a baixo. Comparando um ladrão rico (o sabido) com um pobre (o besta), Roxinô sintetiza a idéia de crime de colarinho branco. Traduz a sabedoria popular, que a arrogância da ciência oficial pretende plasmar como mero senso comum.

Roxinô lembra que o ladrão sabido "rouba muito dinheiro/ rouba hoje no Brasil/ amanhã no estrangeiro/ se hospeda em 5 estrela [sic]/ ninguém sabe o seu roteiro". Já o ladrão besta "dorme até no meio da praça/ rouba um relógio de um pobre/ vende pra tomar cachaça/ que quando acaba o dinheiro/ volta pra mesma desgraça". Opondo empiricamente quem faz apropriação indébita com crime famélico, o cordelista contrapõe o tirocínio dos tipos ideais que ingênua e ao mesmo tempo maliciosamente criou. É que o "ladrão sabido/ rouba carro e avião/ seqüestra filho de rico /leva ele pro Japão/ se o rico quiser o filho/ tem que pagar um bilhão".

Por outro lado, o ladrão menos aquinhoado, "se acorda de manhãzinha/ entra no quintal alheio/ vai roubar uma galinha/ recebe um tiro de 12/pela porta da cozinha". São duas realidades distantes, mas também tão próximas. O limite é fixado pelo poder de quem rouba. É que "o ladrão sabido/ vive de barriga cheia/ possui terra tem fazenda/ e com nada se aperreia/ quando vai preso se solta/ não passa um dia na cadeia". Sua outra metade na contra-dança, o ladrão besta, "no dia em que é enquadrado /leva tanta cacetada/ fica todo esconchavado/ não tem um tostão no bolso/ que pague o advogado".

Apreende-se na sabedoria popular do cordelista como parcela da sociedade focaliza alguns advogados, que no verso citado parecem mancomunados com aquele que lhes paga sempre um bom bocado. E voltando ao cordelista, o fecho do enredo comprova a assertiva que acima anotei. Para Roxinô, "o ladrão sabido/ no dia que é flagrado/ pede para telefonar/ para o seu advogado/ no mesmo dia tá solto/ quem lhe prendeu tá lascado". Creio ter apresentado fragmento de concepção autêntica que tenta desconstruir a isonomia e a formalidade de igualdade imaginada pela racionalidade da tradição ocidental. O direito tem muito a aprender com o cordel.

Por outro lado, tem-se literatura erudita que explora a produção literária a partir de problematização ordinariamente jurídica. Estuda-se o advogado na obra de Charles Dickens (VAUGHAN, 1955), o sentido de direito no mesmo Dickens (GOULD, 1967), a descrição do *criminoso lombrosiano* em Zola, Dostoevski e Tolstoy (GAAKER, 2004), o formalismo jurídico no *Mercador de Veneza* de Shakespeare (NISKIER, 2006), as referências ao pesadelo do *Processo* de Franz Kafka nas decisões de magistrados norte-americanos (POTTER Jr., 2004).

Continua Morawetz com designação de campo que reuniria direito e ficção, riquíssimo em visões utópicas e distópicas, marcado por certo uso didático do direito. Neste sentido, por exemplo, John Grisham (*O Dossiê Pelicano*) instrumentalizaria adequadamente estudos sobre direito norte-americano. Creio que se deve tomar a cautela, no entanto, do engodo que o uso da literatura como recurso moral pode promover. É nesse grupo que incluo textos ficcionais, que propiciam a discussão de problemas jurídicos. Incluo na classificação Lon Fuller, de quem adiante falarei, especialmente em função do delicioso *O Caso dos Exploradores de Cavernas*.

Do ponto de vista mais restritamente hermenêutico, Morawetz sugere a apropriação da teoria literária como modelo para a hermenêutica jurídica. Embora, bem entendido, questões legais, ao contrário de disputas literárias, careçam de respostas mais simples e rápidas. Pode-se exemplificar com as empreitadas literárias de Freud, e o estudo do parricídio em Dostoevsky (cf. FREUD, 1996) parece ser exemplo bem acabado. Passar de olhos no índice onomástico da obra do *pai da psicanálise* indica miríade de recorrências literárias, que reproduzo parcialmente: Goethe, Ibsen, Bernard Shaw, Homero, Hesíodo, Dumas Filho, Dante, Zola, Schiller, Cervantes, Wilde, Sófocles, Tasso, Swift, Shakespeare, Victor Hugo, Kipling, Anatole France, Molière, Ésquilo, Rabelais, Andersen, Flaubert, entre tantos outros. Também não se descuida do fato de que agendas políticas orientariam opções constitucionais.

Ao direito *da* literatura guarda-se campo de alcance mais analítico. Embora, dependendo-se do enfoque, o núcleo também possa alcançar problemas de liberdade de expressão, de *hate speech*, a chamada *fala ofensiva,* o que sempre promove o retorno de embates entre direita e esquerda. Tem-se tema de direitos autorais, de muito significado para Posner, como atesta obra recentíssima sua, relativa ao problema do plágio, praga recorrente que presentemente contamina a produção intelectual universitária.

Morawetz plasmou por fim núcleo de preocupações que se ocupa do direito como *narrativa*, especialmente a partir da averiguação da importância da narrativa para compreensão do direito, campo em que predominam Stanley Fish e Richard Rorty. Acrescento ainda José Calvo González, professor da Universidade de Málaga, na Espanha, investigador da *coerência narrativa do direito*, sobremodo em âmbito da relação entre o discurso dos juízes e o exercício da função jurisdicional (cf. CALVO, 1998). Creio que se trata do núcleo mais sofisticado. Para Calvo, a *justiça é um relato*, é indicativo de experimento narrativo, isto é, *"si una narración consiste en su fluir, si 'narrar historias ha sido el arte de seguir contándolas', la Justicia fluye como un relato"* (CALVO, 2002, p. 81).

Descortinam-se então de acordo com a referida taxonomia sete campos: direito *na* literatura, direito *como* literatura, literatura *como instrumento* de mudança do direito, direito *e* ficção, hermenêutica, direito *da* literatura e direito *e* narrativa. Passo agora à tentativa de classificação mais simplificada, com fonte em Guyora Binder e em Robert Weisberg, de modo a identificar autores que *poderiam* marcar esse instigante campo de estudo. Binder e Weisberg vêm o direito *na* literatura (law *in* literature) e o direito *como* literatura (law *as* literature); o direito seria também atividade literária e cultural. O direito *na* literatura propiciaria a busca do jurídico no estético, com objetivos pragmáticos. O direito *como* literatura suscitaria a busca do estético no técnico, com propósitos hermenêuticos, e talvez não menos pragmáticos. Esta segunda abordagem, à qual Binder e Weisberg dedicam obra seminal, centra-se na busca do direito enquanto expressão literária, em dimensão retórica, com estações em modulações de desconstrução, bem como na formatação de modelo de criticismo cultural do direito, que se ocupa em leituras culturais do capitalismo e das disputas jurídicas.

Mas há preliminar a ser problematizada. O direito é literatura? A tomarmos o conceito clássico do que seja literatura, tal como este desponta na dimensão romântica, o direito estaria excluído do cardápio literário, dado que o romantismo admite como literário apenas a escrita imaginativa. Busco argumento de autoridade, no sentido de fixar o direito como literatura também. Terry Eagleton, vitorianista, crítico de orientação marxista, autor de manual significativo dos novos estudos que se produzem: *Teoria da Literatura-uma Introdução*.

Eagleton abominou distinção entre fato e ficção; a teoria convencional aceitaria como literário apenas o ficcional, posição que o estudioso inglês vê como questionável. Eagleton lembra o crítico russo Roman Jakobson e observa que *"talvez seja necessária uma abordagem totalmente diferente (...) talvez a literatura seja definível não pelo fato de ser ficcional ou 'imaginativa', mas porque emprega a linguagem de forma peculiar"* (EAGLETON, 2006, p. 3).

Trata-se da noção de Jakobson, para quem a literatura representaria uma violência organizada contra a fala comum (cf. EAGLETON, cit.). Para Eagleton, "a definição de literatura fica dependendo da maneira pela qual alguém resolve ler, e não da natureza daquilo que é lido" (EAGLETON, cit., p. 12). Amplia-se a possibilidade da identificação do que seria literário:

> "Se é certo que muitas das obras estudadas como literatura nas instituições acadêmicas foram 'construídas' para serem

lidas como literatura, também é certo que muitas não o foram. Um segmento de texto pode começar sua existência como história ou filosofia, e depois passar a ser classificado como literatura; ou pode começar como literatura e passar a ser valorizado por seu significado arqueológico. Alguns textos nascem literários, outros atingem a condição de literários, e a outros tal condição é imposta. Sob esse aspecto, a produção do texto é muito mais importante do que o seu nascimento. O que importa pode não ser a origem do texto, mas o modo pelo qual as pessoas o consideram. Se elas decidirem que se trata de literatura, então, ao que parece, o texto será literatura, a despeito do que o seu autor tenha pensado". (EAGLETON, cit., p. 13).

Eagleton outorga ao intérprete a faculdade de discernir, de identificar e de plasmar o que seja literário. Qualifica um *não-essencialismo* que valoriza o intérprete, em detrimento do autor. Esta última categoria, a propósito, foi problematizada por intervenção muito conhecida de Michel Foucault. Sintetizada em texto, *O que é um autor?*, publicado no Brasil pela Editora Forense Universitária, no volume III dos *Ditos e Escritos,* no qual o filósofo francês problematizou e discutiu a fixação que a cultura contemporânea tem para com a identificação da autoria exata das obras literárias.

Originariamente desenvolvido como um argumento a ser exposto em conferência (que contou inclusive com intervenções de Jacques Lacan), o texto principia por identificar as propostas que serão desenvolvidas. *Que importa quem fala?* é esta, especialmente, a questão que Foucault irreverentemente levantou (cf. FOUCAULT, 2001, p. 264). O filósofo francês, a propósito da pergunta que alavancava a discussão, invocava certa indiferença e algum princípio ético que a cultura contemporânea formula em relação ao que nomina de *apagamento do autor.* Foucault propôs bosquejar locais onde possa ser exercido o que identificava como a *função do autor.*

Referiu-se a problema relativo ao *nome do autor*, a uma *relação de apropriação*, isto é, o vínculo de propriedade, responsabilidade, produção e invenção de suposto dono de texto próprio, uma *relação de atribuição*, no sentido de se investigar a quem se pode atribuir determinado dito ou escrito, bem como se referiu ao que definiu como *posição do autor*. Neste último caso, provoca-nos a pensar a respeito da *posição do autor em um determinado livro*, mencionando, expressamente, topografia indicativa de presenças, em prefácios, narrativas, confidências e memórias. Também se referiu à posição do autor nos vários tipos de falas, a exemplo da discursividade filosófica.

Em inúmeros outros textos que redigiu sobre estética, literatura, pintura, música e cinema, delineou trajetórias de vários autores, tomando-os como tal, a exemplo de Buffon e Marx. Lembrou que fora criticado, porquanto não teria descrito adequadamente os autores que mencionou. Rebateu às aludidas críticas, lembrando que jamais pretendera descrever ou reproduzir o que tais autores disseram ou quiseram dizer. Insistiu que o que o preocupava eram *regras através das quais autores formaram um certo número de conceitos ou*, ainda, inquietava-se com *os contextos teóricos que se encontram nos vários textos* (cf. FOUCAULT, 2001, p. 266). Expressamente, deu conta do problema, como segue:

"(...) Essa noção de autor constitui o momento crucial da individualização na história das idéias, dos conhecimentos, das literaturas, e também na história da filosofia, e das ciências. Mesmo hoje, quando se faz a história de um conceito, de um gênero literário ou de um tipo de filosofia, acredito que não se deixa de considerar tais vaidades como escansões relativamente fracas, secundárias e sobrepostas em relação à primeira unidade, sólida e fundamental, que é a do autor e da obra" (cit., p. 267).

A relação do texto com o autor insinua que pensemos a propósito da maneira como o texto aponta para seu criador. O autor é exterior e anterior ao texto, e o é pelo menos aparentemente. Foucault falava também de certo parentesco entre escrita e morte. Lembrou-nos as narrativas gregas. Perpetuava-se a imortalidade do herói. Ou ainda, como no caso das *1001 Noites,* quando a narrativa exorcizava a morte, anunciando a vinda do dia seguinte (cf. FOUCAULT, cit., p. 269).

Justificando o *desaparecimento do autor*, observou que *"o sujeito que escreve despista todos os signos de sua individualidade particular"* (cf. FOUCAULT, cit., loc.cit.). Além dos problemas que a fixação do autor suscita tem-se ainda a questão da noção de *obra*. O que é uma obra? Quais são os elementos que a compõe? É a partir dessas duas perguntas que Foucault deu continuidade as essas intrigantes reflexões. Afinal, perguntava, será que tudo que um autor diga, ou escreva, seria parte necessariamente componente de sua obra? Argumentava que a questão tem dimensões e desdobramentos técnicos. Afinal, o que se publicaria a título de *obras completas* de Nietzsche? Foucault questionava se rasuras, notas perdidas em cadernetas, endereços e notas de lavanderias estariam incluídas no conceito indicativo das obras filósofo maldito alemão.

Foucault parecia reconhecer, no entanto, que o problema não se resume à repetição de afirmações vazias, dando conta de que *o autor desapareceu*. E de um modo mais específico, lembrava-nos também dificuldades que há a propósito do *nome do autor*. O referido substantivo não seria simplesmente mais um nome próprio, como todos os nomes que há. O nome do autor indicaria conteúdo funcional. Foucault falava de nome de autor com função classificatória, com função de relacionar vários textos entre si, bem como com a função de conferir *status* e autoridade a determinado discurso.

A referida *função-autor* permitiria que missiva particular tenha signatário, e não autor. Da mesma forma, em um contrato teríamos um fiador, em um texto anônimo teríamos um redator, e nunca autores, de contrato, ou de textos anônimos. O autor possibilitaria a circulação de discursos no interior de uma sociedade . A análise da *função-autor* suscitaria a indicação de algumas características. O autor seria aquele que poderia ser punido na medida em que divulgasse um discurso transgressor. Textos científicos carecem de identificação de autoria; de tal forma recorre-se à parêmia do *magister dixit*, referência originariamente indicativa de Aristóteles, porém de validade mais ampla, a exemplo da invocação de Hipócrates, entre outros.

Foucault lembrava-nos que o anonimato literário é insuportável, e que só o aceitamos na qualidade de enigma. O vínculo, no entanto, permite que se busquem provas, porquanto a *função-autor* não decorre espontaneamente da atribuição de um discurso a um determinado indivíduo, como colocado pelo filósofo francês. Textos contêm signos que nos remetem aos autores, circunstâncias conhecidas pelos gramáticos, a exemplo de pronomes, advérbios e verbos.

Foucault observava que há reconhecimento no sentido de que o termo autor explicitasse sentido restritivo, de forma que temos o autor de um texto, de um livro ou de uma obra. No entanto, problematizava, pode-se ter o autor de mais de um livro, ou de uma teoria, ou de uma tradição, ou ainda de uma disciplina. A essa circunstância nominava de *posição transdiscursiva do autor*. Exemplificava com os papéis de Homero, de Aristóteles, e dos Pais da Igreja.

Assim, Freud não seria tão-somente o autor de *A Interpretação dos Sonhos*, e nem Marx seria o autor tão-somente de *O Capital*. Os dois pensadores citados teriam transcendido às obras que escreveram. Freud e Marx estabeleceram *possibilidades de discursos*. Nesse sentido, são mais do que autores. São fundadores de espaços discursivos.

Em abono à tese de autoria como passo fundacional de possibilidades discursivas, lembrava-nos Foucault que "o reexame do texto de Galileu pode certamente mudar o conhecimento que temos da história da mecânica, mas jamais pode mudar a mecânica. Em compensação, o reexame dos textos de Freud modifica a própria psicanálise, e os de Marx, o marxismo" (FOUCAULT, cit., p. 285). Por isso, prosseguia, a complexidade da função do autor é ainda maior quando se investiga seu papel junto a grupo de obras de disciplinas inteiras. A função autor é dinâmica, movediça. O autor, ou a função-autor, seria apenas uma das especificações possíveis da função sujeito.

Foucault insistia que não negava o autor. Apenas preocupa-se com o fato de que a regra do desaparecimento do autor permite descobrir. A função-autor é um jogo. Fragilizado o autor, mitiga-se conseqüentemente esta figura potencializada pela estética romântica, da qual ainda somos presos, e em torno da qual desenvolve-se disciplina de fundo positivo, relativa aos direitos autorais. A fragmentação do autor também é indicativa da redução drástica de perfil imaginado de características próprias da formalização do que seria literário, pelo menos em sentido estrito. É de Eagleton que tomo o argumento que segue:

"Não seria fácil isolar, entre tudo o que se chamou de 'literatura', um conjunto constante de características inerentes. Na verdade, seria tão impossível quanto tentar isolar uma única característica comum que identificasse todos os tipos de jogos. Não existe uma 'essência' da literatura. Qualquer fragmento de escrita pode ser lido 'não-pragmaticamente', se é isso o que significa ler um texto como literatura, assim como qualquer escrito pode ser lido 'poeticamente'. Se examino o horário dos trens não para descobrir uma conexão, mas para estimular minhas reflexões gerais sobre a velocidade e a complexidade da vida moderna então poder-se-ia dizer que o estou lendo como literatura (...)" (EAGLETON, cit., p. 14).

O excerto pode sugerir crítica à concepção que repute como texto literário o texto que não seja pragmático. Se literário é o texto que não tenha propósito prático, e o texto jurídico seria então excluído do que seja literatura, retoma-se argumento tautológico que apenas potencializa aporia que inventamos. E Eagleton avança no problema:

"A leitura de um romance, feita por prazer, evidentemente difere da leitura de um sinal rodoviário em busca de informação; mas como classificar a leitura de uma manual de biologia que tem por objetivo ampliar nossos conhecimentos? Será isso um tratamento 'pragmático' da linguagem, ou não? Em muitas sociedades, a literatura teve funções absolutamente práticas, como função religiosa; a nítida distinção entre 'prático' e 'não-prático' talvez seja só possível numa sociedade como a nossa, na qual a literatura deixou de ter grande função prática. Podemos estar oferecendo como definição geral um sentido de 'literário' que é, na verdade, historicamente específico". (cit., p. 15).

Para Eagleton, o direito insere-se no conceito de literatura. É que tudo pode ser, e tudo é literário. Um outro aspecto ilustra o problema. Desenvolvem-se técnicas de escrita do direito, do mesmo modo como proliferam *manuais de redação* ou compêndios para composição de textos literários. Exemplifico com *guia* norte-americano, redigido para profissionais do direito, que se pretende texto para orientação para escrita jurídica *clara, concisa* e *persuasiva*. Clareza, concisão e persuasão são elementos que qualificam *topói* da teoria literária.

O livro referido enuncia princípios para obtenção de clareza (*clear writing*). Indica-se o uso de sentenças curtas para enunciados complicados, verbos na voz ativa sempre que apropriado, remoção de palavras desnecessárias, utilização de palavras da linguagem cotidiana, de expressões concretas e específicas, bem como a utilização de diacríticos convencionais. Sugere-se que se evite redundâncias e períodos longos marcados por cláusulas subordinativas.

Propõe-se que se evite também o *juridiquês* (*lawyerisms*, ou *legalese*); recomenda-se distância para com termos latinos e franceses. Há capítulo que propõe que não se insulte o leitor, que não se lhe roube o tempo. A maior parte do livro, no entanto, centra-se em temas gramaticais. Substantivos, pronomes, adjetivos, advérbios, verbos, preposições, conjunções, interjeições, princípios de sintaxe, de pontuação, de uso de maiúsculas, de construção de parágrafos e de formatação dão fim à obra de que trato. (FAULK & MEBLER, 1994).

Menciono técnicas de literatura, e mais especificamente de *construção de textos literários*, indicativo de assertiva plausível que dê conta do direito como substrato de literatura. A percepção de Eagleton é muito abrangente, e creio que sufraga a tese que aqui desenvolvo:

> "Quer coisa pode ser literatura, e qualquer coisa que é considerada literatura, inalterável e inquestionavelmente – Shakespeare, por exemplo –, pode deixar de sê-lo. Qualquer idéia de que o estudo da literatura é o estudo de uma entidade estável e bem definida, tal como a entomologia é o estudo dos insetos, pode ser abandonada como uma quimera. Alguns tipos de ficção são literatura, outros não; parte da literatura é ficcional, e parte não é; a literatura pode se preocupar consigo mesma no que tange ao aspecto verbal, mas muita retórica elaborada não é literatura. A literatura, no sentido de uma coleção de obras de valor real e inalterável, distinguida por certas propriedades comuns, não existe. Quando, deste ponto em diante eu usar as palavras 'literário' e 'literatura' neste livro, eu o farei com a reserva

de que tais expressões não são de fato as melhores; mas não dispomos de outras no momento". (cit., p. 16).

A fixação da *literatura como arte*, o que pragmaticamente excluiria o direito do entorno literário, insista-se, é atitude que nos torna prisioneiros da estética do romantismo. Proposta que defenda aproximação entre direito e literatura guarda semelhanças metodológicas com sugestões de diálogo entre direito e economia. É que esta última propõe leitura do direito a partir de categorias econômicas, a exemplo de problemas de custo e benefício, enquanto que aquele primeiro acena com a possibilidade de utilização de técnicas literárias para a problematização do direito, em todas suas variáveis, que transitam por peças judiciais (petições, despachos, sentenças, acórdãos), pela discursividade oral (oração junto ao tribunal do júri, sustentações orais), bem como também pela literatura dogmática (refiro-me aos textos doutrinários); não se deixa de lado a própria lei, e também não se esquece da linguagem implícita nos gestos e na indumentária.

Tudo o que envolve o direito é literatura, diz essa perspectiva. E tudo o que toca o direito é economia, diriam os caudatários de Posner e de Coase. O reducionismo pode indicar aspecto crítico que assola o direito contemporâneo. Não há como se definir a literatura como discurso estético e o direito como um discurso instrumental. Fazê-lo seria muito simples e muito ingênuo. E porque o direito sugere interpretação, narração, retórica, significação e representação (categorias indicadas por Binder e Weisberg), não há razões para que exclua o jurídico do que substancialmente literário. Direito *na* literatura, direito *como* literatura e literatura como *possibilidade de expressão* do direito são, pois, as categorias centrais do movimento que se propõe a explorar.

Concomitantemente, direito e literatura também se aproximam no sentido de que suscitam narrativas e possibilidades retóricas. O direito se expressa prioritariamente em forma literária. Busca o convencimento, a persuasão, e conseqüentemente não se pode deixar de lado a tradição retórica, que remonta ao Estagirita. Direito e literatura também se aproximam no que se refere às possibilidades hermenêuticas que suscitam. Ainda, e retoma-se o problema dramático da autoria, direito e literatura acenam com problemas de identificação do criador da mensagem. Cuida-se de questões de plágio, consciente ou inconsciente.

Sem desconhecer a advertência de Walter Benjamin, na *XIV tese da filosofia da história*, que nos dá conta do *salto de tigre* que se dá em relação ao passado, no sentido de que nos apropriamos somente daquilo que nos interessa, e também porque toda opção é arbitrária, procuro problematizar todas essas questões a partir de alguns autores que reputo como centrais.

Trato de excertos de John Henry Wigmore, de Benjamin Nathan Cardozo, de Lon Fuller, de Paul Gerwitz, de James Boyd White, de Ronald Dworkin, de José Calvo Gonzalez, de Richard Posner, entre tantos outros, que aponto como os nomes mais recorrentes que exploraram problemas do direito *na* literatura, do direito *como* literatura, da literatura como *possibilidade de expressão do direito*, do direito e da literatura como *narrativas e possibilidades retóricas*, do direito e da literatura à luz de uma convergência hermenêutica, bem como, de um modo mais analítico, de problemas de plágio. Ilustro as proposições teóricas com Lima Barreto e demais excertos de lei, doutrina e jurisprudência.

2. O Direito *na* Literatura

Creio que tentativas de alcançar o direito *na* literatura foram desenvolvidas originariamente por John Henry Wigmore, mais conhecido entre estudiosos do direito norte-americano como especialista em assuntos relativos às provas judiciais (*evidence*). Naquele campo, Wigmore desenvolveu método próprio, que consistia em pormenorizado roteiro analítico, que a literatura especializada nominou de *Wigmore Chart*. Seu livro mais conhecido, *Treatise on the Anglo-American System of Evidence in Trials at Common Law*, publicado em 1904, pontificou na prática jurídica norte-americana, até meados do século XX. Wigmore nasceu no estado da Califórnia, em 1863, e faleceu em 1943.

Lecionou direito no Japão e publicou textos interessantíssimos sobre direito comparado. É considerado também um dos fundadores de campo específico do direito norte-americano, *torts*, relativo à responsabilidade civil extracontratual (cf. RITCHIE, 1963, p. 443).

Wigmore lecionou também na *Northwestern University*. Robert W. Millar, discursando em nome dos demais professores daquela faculdade, nas exéquias de Wigmore, lembrou que o *schollar* que se homenageava tivera *uma vida de conquistas superlativas e de dignidade graciosa* (cf. MILLAR, 1943). Sarah Morgan, que foi sua secretária, entre 1919 e 1943, escreveu que Wigmore jamais possuíra um automóvel; todos os dias andava sete quarteirões até apanhar o trem que o conduziria de Evanston para Chicago.

Segundo Morgan, Wigmore sempre carregava uma pasta, na qual invariavelmente se encontraria edição de bolso de uma das obras de Shakespeare, o Velho e o Novo Testamentos, bem como um livro de narrativa da vida cotidiana de algum país estrangeiro, na língua do lugar, que ele então estudava, especialmente em preparação para mais uma viagem (cf. MORGAN, 1963).

Wigmore lecionou direito de 1892 a 1943, data de sua morte, aos 80 anos. Foram 50 anos em sala de aula, ao longo dos quais também dirigiu a Faculdade – *Northwestern Law School* –, de 1901 a 1929. Wigmore lutou incansavelmente para que o orçamento do curso que dirigia e para o qual lecionava fosse agraciado com generosas dotações orçamentárias; Wigmore viveu o ensino de direito (cf. RAHL, 1980).

Trato de dois textos de Wigmore. Um deles, de direito *na* literatura propriamente dito, e relacionado a problemas hermenêuticos do Novo Testamento (*Pontius Pilate and Popular Judgments*); o outro deles, um clássico, que propõe a leitura de uma centena de romances jurídicos (*A List of One Hundred Legal Novels*). A propósito da leitura de Wigmore relativa à passagem neotestamentária de Pilatos, lembro que assuntos jurídicos na Bíblia têm ocupado autores e pensadores da mais variada origem. Exemplifico com Hans Kelsen, e seu estudo sobre *A Idéia de Justiça nas Sagradas Escrituras*. O texto de Kelsen é de rebeldia latente, explora (entre outros) supostas contradições nos textos canônicos, especialmente quando cotejados com a moral do cristianismo moderno (cf. KELSEN, 1997, p. 31).

Retomo a questão de Pilatos. Wigmore discorreu sobre as atitudes de Pôncio Pilatos para com as demandas populares, e subtraiu dos fatos narrados no Novo Testamento ilações de muita importância para a reflexão relativa aos julgamentos populares. Wigmore tentava entender a indecisão do Presidente da Judéia. Percebia a inabilidade de Pilatos no sentido de não compreender divisões e facções que fragmentavam Jerusalém; Pilatos era estranho a tudo aquilo. Ele era romano. Não conseguia penetrar na realidade dos fatos que se imputavam a Jesus Cristo. Pilatos também não alcançava o sentido judaico de traição, prenhe de dúvidas e de peculiaridades (cf. WIGMORE, 1941).

Wigmore não admitia a recusa de Pilatos, no sentido de invocar incompetência e de ouvir a multidão: Pilatos era um juiz! Tratava-se de procedimento criminal regular, freqüente, em terra invadida por inimigo muito mais forte. Os romanos estavam no auge de sua organização imperialista. Segundo Wigmore, Pilatos tinha o dever de julgar de acordo com a lei, ou de acordo com os fatos, consoante o modo como os via. Ao declinar de decidir, chamando a massa para fazê-lo, Pilatos teria agido covardemente como magistrado. Degradou as nobres funções judiciais. Outorgou obrigação que era dele, só dele, para a multidão que se encontrava na praça pública, e que desconhecia a lei, e que fatalmente não alcançava corretamente os fatos. Ironicamente, Wigmore observou que Pilatos seria mais competente se distribuísse à multidão uma cédula, indicando-se um sim para a crucificação de Cristo ...

Wigmore não via sensatez em se deixar que a massa julgasse fatos e direitos. Para o professor norte-americano, o juiz que se curva para a multidão é relapso para com a função. A subjetividade de um grupo anestesiaria qualquer progresso judicial; para Wigmore, frágil é o juiz que quer adular a massa. Elitista, Wigmore insistia que o direito é complexo e que a função judicante é complicada. Expertos deveriam ser recrutados, segundo Wigmore, de acordo com a capacidade.

A crítica tem destinatário certo. É que à época, lê-se em Wigmore, juízes eleitos causavam muitos problemas. Wigmore encerrou o texto afirmando que desprezamos Pilatos pelo fato de que ele negligenciara a função, delegando à multidão função que era sua, e indeclinável. Passo agora a seu texto seminal sobre o direito *na* literatura, mais especificamente falando.

Wigmore começava indagando o que seria uma *romance com fundo jurídico*, fórmula que creio mais adequada para traduzir *legal novel*. Tratar-se-ia de romance que interessasse a um advogado (ou a um juiz, ou promotor), *porque os princípios da profissão jurídica formam a maior parte do enredo*. O professor norte-americano então dividiu os *romances com fundo jurídico* em quatro grupos, que nominou de A, B, C e D (cf. WIGMORE, 1922), do modo que segue:

(A) Romances que têm uma cena de julgamento, incluindo-se uma bem engendrada passagem de interrogatório (*a skilful cross-examination*);

(B) Romances que descrevem atividades profissionais de advogados, juízes ou promotores;

(C) Romances que descrevem métodos referentes ao processamento e à punição de crimes;

(D) Romances nos quais o enredo seria marcado por algum assunto jurídico, afetando direitos e condutas de personagens.

Procuro aplicar estas categorias à literatura brasileira, e poderia, sem maiores problematizações, observar como segue. Direitos e condutas de personagens são encontrados, por exemplo, em *Canaã*, de Graça Aranha. Processo e punição, inclusive com crítica veemente à pena de morte, é assunto de *O Cabeleira*, de Franklyn Távora. Atividade profissional (também de oficiais de justiça) é tema recorrente em *Memórias de um Sargento de Milícias,* de Manuel Antônio de Almeida, bem como de *Tenda dos Milagres* e de *Terras do Sem Fim,* de Jorge Amado. Cenas específicas de julgamento são mais freqüentes na literatura norte-americana, revelando fixação nacional que os norte-americanos têm com temas de justiça, dado cultural que já fora captado por Aléxis de Tocqueville (2005, p. 111 e ss.).

Norte-americanos cultuam o ambiente dos julgamentos, trata-se de uma quase religião nacional. Programas de *TV* que simulam (ou efetivam) julgamentos detêm larga audiência. Romances de John Grisham e de Scott Turrow figuram sempre nas listas dos mais-vendidos. Levados para o cinema, esses enredos empolgam o país. Essa reflexão substancializa romance de William Gaddis, *A Frolic of his Own*, ainda não traduzido para o português, ao que me consta. O personagem é obcecado por tribunais. A fixação chega a ponto de ajuizamento de ação, contra ele mesmo... Entre os vários programas de televisão que há nos Estados Unidos, com simulações de atividades judiciárias, *The People's Court* é um dos mais assistidos; o direito transforma-se em *novela* (*soap opera*), em *show business* (cf. PORSDAM, 1999, p. 89 e ss.).

Sidney Sheldon produziu literatura comercial de recorrente apropriação de temas de direito. *A Ira dos Anjos* (*Rage of Angels*) é nesse sentido um livre inesquecível. Tem como protagonista central Jennifer Parker, promotora que foi ludibriada vergonhosamente em sua estréia no tribunal do júri. Recomeçou a vida profissional, como simples ajudante de advogados em um escritório. Viveu uma estória de amor com um político casado, com quem teve um filho. Destacou-se como advogada. O livro presenteia-nos nas entrelinhas com um manual de retórica. Tonifica discussões sobre a ética da profissão.

Um dos pontos mais cativantes da obra dá-se quando Jennifer Parker requer indenização para uma cliente, que por culpa de um motorista de caminhão, perdera pernas e braços. O advogado da parte contrária insinuava que Jennifer Parker era oportunista e que pretendia tão somente valer-se da ocasião para abocanhar polpuda indenização para sua cliente. Jennifer requereu autorização para exibir algumas fotos, a título de prova. O advogado não se opôs, até porque não via, em primeiro momento, dano maior que uma fotografia poderia causar para a tese que defendia. O juiz deferiu o pedido. Os membros do júri mostram-se impacientes.

Em seguida, Jennifer introduziu na sala do tribunal aparelhos para a exibição de um filme. Era tarde para o advogado do réu se opor. Afinal, argumentou Jennifer, um filme não passa de uma seqüência de fotos. Exibiu-se um pequeno documentário que sintetizava um dia na vida de uma mulher que perdera braços e pernas num acidente. Ao tribunal horrorizado Jennifer perguntou de que valia o dinheiro para aquela mulher. Compraria jóias, porém não teria dedos para exibir os anéis. Poderia adquirir sapatos, porém não tinha pés para calçá-los. De que e para que valeria a indenização? Chocado, o júri condenou o réu a pagar muito mais do que a autora havia pedido.

Retomo Wigmore. O autor norte-americano justificava as classificações e listas que propunha explicitando que o jurista deve ir à literatura para aprender ciências jurídicas. Um fundamento pedagógico parece marcar seu pensamento. A sugestão da literatura como instrumento para a apreensão do direito não seria casual, fortuita ou gratuita. Questionando-se, no sentido de que a *lista* poderia apresentar problemas e disfunções da justiça, Wigmore justificou-se: a *lista* não fora elaborada para o leigo, seu destinatário era o advogado.

Reconhecendo que não há tempo para que se leia tudo, Wigmore sugeria que se fizesse seleção muito criteriosa. O jurista, no entanto, deveria conhecer os livros mais importantes, tal como identificados na *lista* proposta. A familiaridade com a profissão exigiria intimidade com a literatura ficcional ligada à atividade. O advogado não poderia desconhecer *A Letra Escarlate,* de Hawthorne, bem como não haveria desculpas para o desconhecimento de Scott, de Dickens ou de Conan Doyle.

Segundo Wigmore, uma coisa é saber que a prisão por dívidas foi abolida; e algo totalmente diferente é conhecer os livros de Dickens, que colaboram para um direito mais humano. O advogado que lê os textos básicos da tradição literária (e que tenham fundo jurídico) conhece mais a história de sua profissão. E ao ler autores estrangeiros conhece sistemas jurídicos distintos, elaborando uma cultura normativa comparatista. Wigmore recomendava Tolstoi, Balzac, Dumas, Scott. História e Direito se encontrariam nas páginas dos romancistas. O romance, para Wigmore, *é catálogo de caracteres humanos.*

Comparando Balzac e Buffon, Wigmore observava que a literatura permite desfile de espécies sociais, do mesmo modo que a zoologia ensejaria a aproximação com as espécies animais. Textos literários descrevem soldados, operários, mercadores, marinheiros, poetas, mendigos, clérigos. Textos de zoologia apreenderiam lobos, leões, burros, tubarões, cordeiros. Problemas que preocupam juristas são questões de caracteres humanos, enfrentadas pela literatura de ficção. Segundo Wigmore, Balzac e Shakespeare seriam juízes supremos da natureza humana.

Wigmore inquietava-se no sentido de precisar onde escritores encontrariam material jurídico para os enredos que desenvolviam. Muitos escritores eram formados em Direito, ou então viveram experiências pessoais desagradáveis e marcantes, do ponto de vista jurídico. Tomando-se como referencial a literatura brasileira, menciono as *Memórias do Cárcere*, de Graciliano Ramos, como indicativo de experiência pessoal amarga. Acrescento Monteiro Lobato, e toda sua literatura para adultos, especialmente a revelada nos contos que escreveu, que denunciam profundo mal estar para com a prática judiciária.

E entre os que estudaram direito entre nós, brasileiros, Jorge Amado, Cláudio Manoel da Costa, Tomás Antonio Gonzaga, Gonçalves Dias, Álvares Azevedo, Castro Alves, José de Alencar, Raul Pompéia, Raimundo Correia, Alphonsus de Guimaraens, Augusto dos Anjos, Graça Aranha, Godofredo Rangel, Oswald de Andrade, Alcântara Machado, José Lins do Rego, Clarice Lispector, Lygia Fagundes Telles (cf. GODOY, 2002, p. 27). Embora, bem entendido, a formação jurídica não signifique *vocação* para o direito. É da história da educação brasileira o bacharelismo, e a busca da faculdade de direito como porta de entrada para as humanidades e para a política, esta última no sentido pragmático, aquela primeira como adorno protuberante (cf. ADORNO, 1988 e VENÂNCIO FILHO, 2004).

Em nicho mais especificamente brasileiro, a busca do direito na literatura pode, entre outros, substancializar denúncia ao elitismo e ao bacharelismo. Tem-se referencial de crítica a um fetichismo institucional que marca nossa cultura. Exemplifico com trajetória e textos de Lima Barreto.

Afonso Henriques de Lima Barreto nasceu no Rio de Janeiro em 1881 e lá morreu em 1922, por problemas relacionados a alcoolismo crônico. Um colapso cardíaco o fulminou. Contava apenas 41 anos de idade. Seu pai faleceu dois dias depois. O pai e a mãe de Lima Barreto eram mestiços. O escritor perdeu a mãe quando ainda era criança; orçava ele então sete anos. Seu pai trabalhava como tipógrafo. Era protegido de Afonso Celso de Assis Figueiredo, o Visconde de Ouro Preto. O prenome do visconde é a explicação de seu próprio nome.

O pai de Lima Barreto perdeu o emprego e foi trabalhar como almoxarife na Colônia dos Alienados, na Ilha do Governador, onde Lima Barreto morou. O escritor conseguiu terminar os cursos primário e secundário. Matriculou-se na Escola Politécnica, porém não conseguiu se formar, circunstância que evidenciou fonte perene de frustrações. Lima Barreto conseguiu emprego de amanuense no Ministério da Guerra. Concomitantemente, Lima Barreto colaborou intensamente na imprensa carioca, além de escrever os contos e romances que o notabilizaram.

Com identificações com os demais escritores do realismo tardio ou do pré-modernismo, Lima Barreto publicou romances que não passaram despercebidos. *O Triste Fim de Policarpo Quaresma* é provavelmente seu texto mais conhecido. Trata-se de quase concepção de um *D. Quixote* nacional. Policarpo remete-nos aos heróis picarescos, é o nosso *Tartarin de Taráscon*. Nacionalista, ufanista, preocupado com as coisas do país, Policarpo pretende falar tupi, e deixar de lado o português, símbolo glossológico de interferências externas. Policarpo suscita uma crítica à presidência Floriano Peixoto, o marechal de ferro, que o romance descreve como obtuso e atrabilhiário.

Policarpo é um *major*, patético, cômico, suburbano. Seu nacionalismo é ridículo. Seu apego para com tudo o que é brasileiro é indício de destempero mental. Atemorizado por insetos e saúvas, Policarpo Quaresma representa um progresso inexistente. É a própria contradição de Lima Barreto, talentoso, porém excluído de círculos que se diziam progressistas. Lima Barreto não conseguira o reconhecimento da opinião literária, do cânone oficial. A Academia Brasileira de Letras lhe fechava as portas, de modo sutil, porém implacável. Lima Barreto parecia marcado para perder.

O falecimento da mãe, enquanto ele ainda era criança, a enfermidade mental do pai, também precoce, jogavam o mestiço num mundo hostil de brancos, que sonhavam com a Europa, que escreviam em métrica clássica, que se ocupavam com vasos gregos, com o teatro francês, com os mexericos das galerias de Paris, com a moda de Londres. Contra uma sociedade de bacharéis e de falsos doutores Lima Barreto defendeu-se com a ironia e língua afiada. Mas não resistiu muito não. Morreu jovem, sob o peso de dipsomania incontrolável.

Tragédias marcaram sua trajetória. O pai de Lima Barreto fora declarado incapaz de continuar no serviço público, em exame médico feito em 1902. Parece que João Henriques (pai do escritor) tinha visões e, segundo biógrafo de Lima Barreto *"(...) era sempre a polícia que lhe vinha ao encalço, para prendê-lo ou matar (...) eram os inimigos invisíveis que não se cansavam de persegui-lo (...) deixava-se ficar, depois, em profunda prostração, tal o Major Quaresma, completamente indiferente a tudo que o cercava, vivendo no estranho mundo criado pela sua imaginação (...) por conseguinte não era possível contemporizar (...)*

tinha que ser aposentado o quanto antes." (BARBOSA, 1988, p. 97).

Lima Barreto parece ter sido funcionário público que não criava problemas, acomodado na vida burocrática, adoçado pela rotina. Redigia e copiava avisos e portarias ministeriais. O funcionário introvertido era, no entanto, o escritor virulento. Ao aparente equilíbrio no cotidiano alteraram-se episódios de descontrole mental, o primeiro deles em 1914, e um outro mais agudo em 1919. É biógrafo de Lima Barreto quem relatou que *"em fins de 1919, repetir-se-ia o mesmo trágico episódio de 1914. Pela segunda vez, Lima Barreto seria conduzido num carro forte da polícia para o Hospício, durante uma nova crise de loucura. Passara toda uma noite, precisamente a noite de Natal, errando pelos subúrbios, em pleno delírio."* (cit., p. 237).

As internações foram traumáticas. Parece que "(...) o Hospício não foi, nem poderia ter sido, para Lima Barreto, um hotel de estação de águas. Pelo contrário. O escritor guardaria sempre a dolorosa sensação de rebaixamento moral dessas sucessivas internações. À grande amargura, que ensombrava toda a sua vida, desde os primeiros anos da juventude – a doença paterna – juntaria agora mais essa carga de ressentimento" (cit. p. 242). O nosocômio era um cemitério de vivos, na percepção do escritor, que também colhia amarguras, porquanto rejeitado, ao que consta, pelos escritores de sucesso. Lima Barreto não privava com os intelectuais que dominavam o cenário cultural de seu tempo. Os círculos literários do Rio de Janeiro no início do século XX eram muito restritos.

É historiador insuspeito da Literatura brasileira quem dimensiona Lima Barreto:

"O romancista carioca, apesar de seu desleixo, de suas insuficiências de criador, do abuso do traço caricatural, apresentou galeria numerosa, viva, colorida. As figuras de sua ficção foram recrutadas, na maior parte, seja na classe média, seja entre os trabalhadores. São figuras populares, que caracterizam o aspecto urbano, em que a marca local é acentuada. É uma pequena humanidade, humilde, sentimental, obscura, que povoa os subúrbios e lhes dá fisionomia. Na transposição dessa gente é que Lima Barreto realizou o melhor, nisso é que se sentiu à vontade" (WERNECK SODRÉ, 1976, p. 503).

O *Policarpo Quaresma* é personagem de Lima Barreto que substancializa o problema nacional brasileiro (cf. MARTINS, 1978, p. 7). Trata-se de alternativa bem-humorada e sardônica para as propostas formalistas e europeizantes da época, centradas em autores como Gustavo Barroso, Alberto Torres e Coelho Neto, que imaginavam um Brasil asséptico, que não refletia a imagem que visitantes faziam de nós, a exemplo dos relatos colhidos nas expedições de William James e de Theodore Roosevelt, americanos – um filósofo, outro político – que se aventuraram pela Amazônia.

Porque mestiço, Lima Barreto sofria dos senões que obstaculizavam tentativas de inserção social que nunca ocorria. Concessões eventuais havia, e se localizam apenas no plano retórico, a propósito de idéia dominante na Faculdade de Direito do Recife, que evidenciava o mestiço como *a nação em formação* (cf. SCHWARCZ, 1993, p. 143). Vivia-se o apogeu do bacharelismo brasileiro, entorpecido no *enciclopedismo francês* (cf. VENÂNCIO FILHO, cit., p. 273), refratário a tudo que não fosse estrangeiro, avançado e *moderno*, um certo *segundo oitocentismo* (cf. MERQUIOR, 1976, p. 101 e ss.), modelo que Lima Barreto denunciou, eixo temático de seu antifetichismo institucional, como logo em seguida será indicado, a título de exemplificação do direito na literatura.

O bacharelismo liberal nacional seguia tradição coimbrã (cf. ADORNO, 1988, p. 95); moldava-se nas faculdades de direito, que de Olinda (e depois de Recife) e de São Paulo propagavam-se pelas demais cidades, especialmente desdobrando-se de liberdade de ensino que vicejava na primeira república (cf. BASTOS, 2000, p. 145 e ss.). Concomitantemente desenvolviam-se classes médias urbanas, bem como um conjunto de valores daí decorrentes, a exemplo da moralidade na vida pública.

A experiência republicana marcava-se pelo predomínio das elites ligadas à exportação do café, estabelecidas nos estados de São Paulo e de Minas Gerais. Presidentes indicados por estes dois estados da federação revezavam-se no poder. Sufocavam-se manifestações de protesto. Perseguiam-se anarquistas, principalmente italianos, que agitavam São Paulo, que já se destacava como centro urbano. Lima Barreto vivia no Rio de Janeiro, então capital do país, e de lá bombardeou as instituições nacionais. Lima Barreto simpatizava com os anarquistas.

Em livro de sátira, *Os Bruzundangas,* Lima Barreto aproximou-se das técnicas de Swift. O enredo trata de país imaginário, que dá o título ao livro, no qual se encontram todos os problemas brasileiros que atormentavam nosso escritor. O texto passa ironicamente por problemas de ensino, de diplomacia, de serviço público, bem como apresenta galerias de tipos, que são bem reais, a exemplo de *Pancome*, que é retrato muito fiel do Barão do Rio Branco, ícone do serviço diplomático brasileiro. Lima Barreto implicava com o Barão, a quem acusava de usar o serviço público para agenda pessoal; típico caso de patrimonialismo, na concepção de Raymundo Faoro.

Nos *Bruzundangas* há expressivo excerto relativo à *constituição política* desse país imaginário; segundo Lima Barreto, a preocupação que emulava os constituintes consistia em se saber a constituição de qual país iriam imitar... A imagem é de veracidade impressionante, e bem identifica país periférico, como o Brasil, que vive embasbacado cotejando constituições de outros países, fomentando transposições normativas, que redundam em aporias da vida administrativa cotidiana, a exemplo da medida provisória que emprestamos da Itália, do controle concentrado de constitucionalidade que copiamos da Alemanha e do *amicus curiae* que colamos dos Estados Unidos.

Demarcando-se o conteúdo discursivo das investigações presentes, é objetivamente nas *Crônicas* que Lima Barreto escreveu e publicou, no início do século XX, que se alcança atitude de desdém para com convenções e instituições, que anunciam alma aberta para experimentalismos. É desse antifetichismo institucional que trato, e que bem ilustra forma de se captar o direito na literatura. Lima Barreto rejeita ostensivamente, entre outros, o culto ao passado, marca de historiografia pífia, tal como sistematizada entre nós no período que se estuda. Lima Barreto hostilizava o apego ao pretérito. Em crônica datada de 21 de julho de 1911 dardejou que não gostava do passado, não pelo passado em si, mas "(...) *pelo veneno que ele deposita em forma de preconceitos, de regras, de prejulgamentos nos nossos sentimentos"*

(LIMA BARRETO, 2004, p. 100). E para horror dos passadistas, foi na mesma crônica que Lima Barreto lamentou:

> "Ainda são a crueldade e o autoritarismo romanos que ditam inconscientemente as nossas leis; ainda é a imbecil honra dos bandidos feudais, barões, duques, marqueses, que determina a taxonomia social, as nossas relações de família e de sexo para sexo; ainda são as coisas de fazenda, com senzalas, sinhás-moças e mucamas, que regulam as idéias de nossa diplomacia; ainda é, portanto, o passado, daqui, dali, dacolá, que governa, não direi as idéias, mas os nossos sentimentos. É por isso que eu não gosto do passado (...)" (cit., loc.cit.).

O escritor brasileiro também criticava a demagogia que informava o respeito às maiorias; é que, segundo ele, *"se sempre seguíssemos a opinião da maioria ainda estaríamos no Cro-Magnon"* (cit. p. 391). Lima Barreto associava maiorias e pensamentos prontos com a hipocrisia. E de hipócritas também maculava senhoras da época, caridosas, bem como a caridade organizada, a exemplo da Cruz Vermelha, que à época chegava em todos os lugares:

> "Essas senhoras, para dar um óbolo, em favor de feridos ou coisa que valha, da Grande Guerra, não tinham necessidade tanto de alarde, para mostrar que têm bom coração. Não era preciso que os jornais soubessem (...). O que era preciso era dar. Bastava. Vou lhes contar uma história que talvez lhes cause ensinamento. Isso foi quando eu tinha seis anos. Meu pai tinha enviuvado e nós morávamos em uma casa muito pobre na Rua do Riachuelo. Todos os sábados, eu pedia a meu pai um tostão para dar a uma pobre velha que ia esmolar, à porta da minha rótula paterna. Dei-lhe sempre a esmola e ela me beijava. Desses beijos, tenho eu ainda grandes saudades ... Ela era velha, esquálida; mas, assim mesmo, ainda e sempre me lembrarei dos seus beijos ... Ah! A caridade, sem Cruzes Vermelhas." (cit. p. 382).

Segundo Lima Barreto hipócrita também teria sido a abolição da escravidão, e todo o movimento que a antecedeu, que se responsabilizou por tirar o escravo da senzala, mandando-o para as favelas. Lima Barreto sofreu pessoalmente essa transição, marcada pelo preconceito e pela falta de oportunidades. O passo seguinte, de crônica publicada em 4 de maio de 1911, revela memorialista crítico, consciente, pessimista:

> "Agora mesmo estou a lembrar-me que, em 1888, dias antes da data áurea, meu pai chegou em casa e disse-me: a lei da abolição vai passar no dia de teus anos. E de fato passou; e nós fomos esperar a assinatura no Largo do Paço. Na minha lembrança desses acontecimentos, o edifício do antigo paço, hoje repartição dos Telégrafos, fica muito alto, um sky-craper; e lá de uma das janelas eu vejo um homem que acena para o povo. Não me recordo bem se ele falou e não sou capaz de afirmar se era mesmo o grande Patrocínio. Havia uma imensa multidão ansiosa (...). Fazia sol e o dia estava claro. Jamais, na minha vida, vi tanta alegria (...). Mas como ainda estamos longe de ser livres!" (cit., p. 78-79).

Lima Barreto defendia o secularismo e era tido por anticlerical em sociedade que se dizia católica; dizia-se *inteiramente tolerante* (cf. cit., p. 173). Irritava-se com o elitismo, que combatia em todas suas formas. Indignou-se com a quantidade de dinheiro que seria gasto na construção de um teatro municipal no Rio de Janeiro. E o fez com virulência:

> "O Teatro Municipal! É inviável. A razão é simples: é muito grande e luxuoso. Supondo que uma peça do mais acatado de nossos autores provoque uma enchente, repercuta sobre a opinião, haverá no Rio de Janeiro e arredores, inclusive o Méier e Petrópolis, gente suficientemente encasacada para enchê-lo dez, vinte ou trinta vezes? Decerto, não. Se ele não se encher pelo menos dez vezes, por peça, a receita dará para custear a montagem, pagar o pessoal, etc.? Também não (...). Armaram um teatro, cheio de mármores, de complicações luxuosas, um teatro que exige casaca, altas toilettes, decotes, penteados, diademas, adereços, e querem com ele levantar a arte dramática, apelando para o povo do Rio de Janeiro (...). Para que tal teatro se pudesse manter era preciso que tivéssemos vinte mil pessoas ricas, verdadeiramente ricas, e magníficas (...)." (cit., p. 71).

A sensibilidade de Lima Barreto, e sua deferência para com os humildes, oxigenou crônica que defendia um mendigo que fora preso, porque tinha dinheiro guardado (cf. cit., p. 80). O escritor justificou a inocência do coitado (que de fato não cometera crime algum), porquanto era da própria lógica do sistema a acumulação do capital. Por que um mendigo não poderia fazê-lo? Lima Barreto caçoava de nossa brejeirice endêmica e ria de nossos jornais, que informavam aos estrangeiros que *não sabíamos abotoar um sapato* (cf. cit., p. 107). E hostilizava a vida política da época, em excerto que encanta pela atualidade:

> "Eu também sou candidato a deputado. Nada mais justo. Primeiro: eu não pretendo fazer cousa alguma pela Pátria, pela família, pela humanidade. Um deputado que quisesse fazer qualquer coisa dessas, ver-se-ia bambo, pois teria, certamente, os duzentos e tantos espíritos dos seus colegas contra ele. Contra as suas idéias levantar-se-iam duas centenas de pessoas do mais profundo bom senso. Assim, para fazer alguma coisa útil, não farei coisa alguma, a não ser receber o subsídio. Eis aí em que vai consistir o máximo de minha ação parlamentar, caso o preclaro eleitorado sufrague o meu nome nas urnas. Recebendo os três contos mensais, darei mais conforto à mulher, e aos filhos, ficando mais generoso nas facadas aos amigos. Desde que minha mulher e os meus filhos passem melhor de cama, mesa e roupas, a humanidade ganha. Ganha, porque, sendo eles parcelas da humanidade, a sua situação melhorando, essa melhoria reflete sobre o todo de que fazem parte" (cit. p. 155).

Lima Barreto, em crônica de 22 de maio de 1915, imaginou uma *escola de deputados*. O curso de que cogitou seria *prático*. Eliminaria disciplinas que nominava de *indigestas*. Abominaria cadeiras de economia política, finanças, sociologia, história social e mesmo de política. Cogitava de curso prático, com duração de dois anos. Os deputados estudariam o francês (falado nas pensões mais chiques da urbe); e Lima Barreto insinuava também *exercícios práticos,* o que remetia o leitor à imagem dos bordéis. Os deputados cursariam também disciplinas de *falsificação de atas*, de *falsificação de assinaturas de eleitores,* bem como pesquisariam modos de fazer com que *defuntos votassem*. Estudariam ainda como *lustrar as botas dos chefes, arranjarem bons casamentos* e, principalmente, *a melhor forma de não ter opinião alguma...* (cit., p. 206).

Lima Barreto explicitava que a desconfiança para com os políticos decorria também do fato de que as pessoas gostam de gente simples, *que dizem a verdade com todas as letras,* e que, no entanto, perdem esta prerrogativa com os compromissos faústicos que assumem, e porque gastam mais do que ganham. As crônicas de Lima Barreto evidenciam que o escritor não perdoava o mundo dos bacharéis; reputava que os nossos doutores eram gente de palavrório inútil, vazio, que apenas servia como adornos e enfeites para os caçadores de casamentos; é que, *"(...) os exames, os doutores, bacharéis, os médicos, toda essa nobreza doutoral que nos domina e apóia os negocistas, é o maior flagelo desta terra que os utopistas querem que seja o paraíso terrestre"* (cit., p. 176). E, especificamente, retomava a crítica, que lhe é recorrente, e que fustigava o doutor:

> "No Brasil, o doutor (e olhem que eu escapei de ser doutor) é um flagelo, porque se transformou em nobreza e aos poucos foi açambarcando posições, fazendo criar coisas novas para eles, arrendando com o preconceito doutoral as atividades e as competências (...). A tendência vai se firmando, de constituir-se entre nós uma espécie de teocracia doutoral. Os costumes, o pouco respeito do povo, estão levando as coisas para isso. O doutor, se é ignorante, o é; mas sabe; o doutor, se é preto, o é, mas... é branco. As famílias, os pais, querem casar as filhas com os doutores; e, se estes não têm emprego, lá correm à Câmara, ao Senado, às secretarias, pedindo, e põem em jogo a influência dos parentes e dos aderentes (...)." (cit., p. 179).

O assunto foi revisto em crônica publicada na Gazeta de Notícias, datada de maio de 1918. Lima Barreto cismava com *a importância descomunal* que se dava ao doutor, com o *"(...) ar de sagrado que os costumes lhe emprestam, e os privilégios que a lei lhe outorga (...)* (cit., p. 344).

O escritor dizia agressivamente que doutores eram *ignorantes como um bororó* (cf. cit., p. 345). Falava de um *respeito hindu pelo 'doutor'*, que herdamos do império, e que cultivávamos em regime de *veneração brâmica* (cf. cit., p. 346). Lima Barreto escrevia que vivíamos *"(...) essa estúpida crendice dos ilustrados e dos analfabetos, dos néscios e dos atilados (...)."* (cit., p. 347).

A birra com o bacharel transcendia para sua impaciência para com a Academia Brasileira de Letras, que recebia doutores, e que se fechava para escritores, como ele mesmo. A Academia, segundo Lima Barreto, *"(...) começou com escritores, tendo estes, por patronos, também escritores; e vai morrendo suavemente em cenáculo de diplomatas chics, de potentados do 'silêncio é ouro', de médicos afreguesados e juízes tout à fait"* (cit., p. 270); ironicamente, lembrava que *"(...) as tradições de virtude, de austeridade e independência da academia são a mais perfeita garantia de que a nossa suposição não é sem base"* (cit., p. 302).

Lima Barreto repudiava essa literatura convencional que se pranteava oficialmente. Invocava que acadêmicos genuflectiam-se a uma ditadura, que lhes metia medo e, por isso, saiam-lhe na frente, antes que fossem fuzilados... E criticava também a nova biblioteca nacional, grandiosa na construção, nos materiais utilizados, porém deficiente no ambiente humano; Lima Barreto lembrava que pouco a freqüentava e escrevia que tinha alma de bandido tímido; quando via tais monumentos sentia-se como *"(...) uma pessoa que se estarrece de admiração diante de suntuosidades desnecessárias"* (cit., p. 149). A língua formal e castiça também era por Lima Barreto objurgada; gramáticos formavam *"(...) uma espécie de gente que não se entende"* (cit., p. 243).

O interesse pelo passado grego, obsessão dos intelectuais brasileiros do início do século XX, insultava Lima Barreto, que insistia que o interesse pela Hélade não poderia transcender ao campo arqueológico; dizia que seu mundo era muito mais rico e complexo. Em crônica publicada em 31 de dezembro de 1914 Lima Barreto fora muito incisivo, no sentido de que seria *"(...) preciso acabar com essa história de Grécia e de imaginar que os gregos tinham uma única concepção de beleza e que foram belos, como os mármores que nos legaram. Convém não esquecer que tais mármores são imagens religiosas e sempre os homens fizeram os seus deuses mais belos, mesmo quando os fazem humanos"* (cit., p. 133).

Temas helênicos freqüentavam o ideário dos poetas parnasianos, a exemplo de Coelho Neto, a quem Lima Barreto não poupava críticas. No seu entender, tratava-se de poesia apegada na forma, vazia de sentido, inexistente de conteúdo, centrada em vasos gregos, indicativos de preciosismos e de lugares-comuns de modelo cultural que nada nos dizia. Para Lima Barreto, o poeta Coelho Neto "*(...) nunca pôde perceber que nós hoje não podemos sentir como a Grécia e que seus deuses nos são estranhos perfeitamente e quase incompreensíveis*" (cit., p. 318).

O convencionalismo que marcava a burocracia também recebia críticas do antifetichismo institucional de Lima Barreto, e o passo que segue é comprovação da assertiva:

> "Neste ponto como naquele, nesta ou naquela profissão, tenham-se as melhores ou piores aptidões, o que se nos pede nessa sociedade burguesa e burocrática é muita abdicação de nós mesmos, é um apagamento de nossa individualidade particular, é um enriquecimento de idéias e sentimentos comuns e vulgares, é um falso respeito pelos chamados superiores e uma ausência de escrúpulos próprios, de modo a fazer os tímidos e delicados de consciência não suportar sem os mais atrozes sofrimentos morais a dura obrigação de viver, respirar a atmosfera deletéria da covardia moral, de panurgismo, de bajulação, de pusilanimidade, de falsidade, que é a que envolve este ou aquele grupo social e traz o sossego dos seus fariseus e saduceus, um sossego de morte de consciência" (cit., p. 406).

E quando, ainda jovem e aposentado, deixou o emprego de funcionário público, consignou em crônica publicada em 7 de dezembro de 1918:

> "Sem que me atribua qualidades excepcionais, detesto a hipocrisia e por isso digo que deixo o emprego sem saudades. Nunca o amei, jamais o prezei. No começo, se tivessem respeitado o meu proceder, a dignidade do meu provimento, o meu trabalho e as qualidades de burocrata que eu tinha como todos os outros, talvez mudasse de sentimento, e, mesmo, como tantos outros, me tivesse deixado anular comodamente no ramerrão burocrático. Não quiseram assim, revoltei-me; e, desde essa revolta, que sei que os meus desastres são devidos muito a mim e um pouco aos outros. Daí para cá, todo o meu esforço tem sido livrar-me de tal lugar, que é para a minha consciência um foco de apreensões, transformando-se ele em um inquisitorial aparelho de torturas espirituais que me impede de pensar tão-somente

no esplendor do mistério e rir-me à vontade desses bonecos sarapintados de títulos e distinções que, não sem pena, me fazem gargalhar interiormente para mais perfeitamente gozar a bronca estultícia deles" (cit. p. 407-408).

Lima Barreto voltou-se contra heróis nacionais. Não compreendia a glória de Santos Dumont, que os brasileiros queremos que seja o inventor do avião. E em crônica datada de 10 de julho de 1911 colocou o aviador ao lado do Barão do Rio Branco (que nunca perdoava), quando escreveu que *"(...) sei bem que Santos Dumont é como o barão do Rio Branco; está sagrado, está sob 'tabu'; mas – que diabo! – isto de perguntar simplesmente – que fim levou? – não é sacrilégio, não é ofensa que vá ferir o respeito polinésio que temos por certo dos nossos grandes homens"* (cit. p. 96).

Esse antifetichismo institucional substancializa-se definitivamente em crônica publicada em 7 de janeiro de 1915, sob o titulo *A Lei*, que nos dá conta do desprezo do escritor pelas instituições de seu tempo. A reprodução é longa, porém necessária, e o enredo explica-se por si mesmo:

"Este caso da parteira merece sérias reflexões que tendem a interrogar sob a serventia da lei. Uma senhora, separada do marido, muito naturalmente quer conservar em sua companhia a filha; e muito naturalmente também não quer viver isolada e cede, por isto ou aquilo, a uma inclinação amorosa. O caso se complica com a gravidez e para que a lei, baseada em uma moral que já se findou, não lhe tire a filha, procura uma conhecida, sua amiga, a fim de provocar um aborto de forma a não se comprometer. Vê-se bem que na intromissão da 'curiosa' não houve espécie de interesse subalterno, não foi questão de dinheiro. O que houve foi simplesmente camaradagem, amizade, vontade de servir a uma amiga, de livrá-la de uma terrível situação. Aos olhos de todos, é um ato digno, porque, mais do que o amor, a amizade se impõe. Acontece que a sua intervenção foi desastrosa e lá vem a lei, os regulamentos, a policia, os inquéritos, os peritos, a faculdade e berram: você é uma criminosa! Você quis impedir que nascesse mais um homem para aborrecer-se com a vida! Berram e levam a pobre mulher para os autos, para a justiça, para a chicana, para os depoimentos, para essa via-sacra da justiça, que talvez o próprio Cristo não percorresse com resignação. A parteira, mulher humilde, temerosa das leis, que não conhecia, amedrontada com a prisão, onde nunca espera parar, mata-se. Reflitamos, agora: não é estúpida a lei que, para proteger uma vida provável, sacrifica duas? Sim, duas, porque a outra procurou a morte para que a lei não lhe tirasse a filha. De que vale a lei?" (cit. p. 141).

Lima Barreto foi escritor marginal, crítico, refratário a qualquer forma de cooptação com as instituições dominantes. Desprezou o direito, a Academia Brasileira de Letras, o convencionalismo, a burocracia. Símbolo do marginal, no sentido estrito que a expressão enceta, Lima Barreto viveu sua curta vida entre tarefas burocráticas, preocupações com o pai, redação de jornais, sofrendo o preconceito de sociedade que tentava se libertar da mácula da escravidão.

Lima Barreto ainda é voz corrente, e de certa forma atualíssima, de crítica ao modelo social, matizando antifetichismo institucional que plasma leituras mais ácidas do entorno no qual vivemos. E do ponto de vista substancialmente metodológico, as observações que o leitor aqui encontrou exemplificam o modo como se pode fazer direito e literatura no Brasil, na medida em que textos literários prestar-se-iam para acerto de contas com o direito e instituições postas, à luz de concepção que remonta a John Henry Wigmore. Sigo com mais um exemplo em Lima Barreto.

Lima Barreto faz com que reflitamos a propósito da verdade, e de sua validade em âmbito pragmático, quando fins e meios tendem a se justificar mutuamente. Lima Barreto deslegitimou a mentira como mecanismo de ascensão social. Ele viveu à margem, amanuense no Ministério da Guerra, com salários que permitiam sobrevivência frugal, situação que se agonizava com a necessidade de cuidar da família, sustentando o pai (que sofria de demência aguda) e os irmãos.

Especificamente, indagava Lima Barreto: haveria legitimidade em se construir carreira com fundamento em uma mentira? Ele percebia nos bacharéis trajetórias montadas a partir de bases pouco sólidas. *O Homem que Sabia Javanês,* parece-me, é texto que denuncia este estado de coisas. As presentes reflexões não se prestam para encaminhar relato piegas, prenhe de moralismo, no sentido de se explicitar que a literatura faria as vezes de *mestra da vida*. O que se pretende, do ponto de vista metodológico, é demonstrar o modo como o ambiente literário pode propiciar reflexões de cunho jurídico, e de natureza deontológica.

O narrador, Castelo, relata a um amigo (Castro), em uma confeitaria, como pregara peças contra *"as convicções e as respeitabilidades, para poder viver"*. Narrava também que certa vez em Manaus escondera a qualidade de bacharel, *"para mais confiança obter dos clientes, que afluíam ao meu escritório de feiticeiro e adivinho"*. O traço crítico ao bacharelismo é nítido. Castelo trabalhava no serviço diplomático, chefiava um consulado. O modo como alcançou a posição é a alavanca que Lima Barreto usou para denunciar o bacharelismo. O artifício de uma mentira – Castelo não sabia a língua exótica que um dia se propôs a ensinar – fora o ponto de apoio para que obtivesse posição de cônsul.

Confessou ao amigo que já fora professor de javanês. E acrescentou que fora nomeado cônsul justamente por isso. Contou que quando chegou no Rio de Janeiro vivia na miséria, fugindo das casas de pensão. Foi quando leu anúncio no *Jornal de Comércio*, que dava conta de que alguém necessitava de um professor de malaio. Imaginou que se tratava de ocupação para a qual não haveria muitos pretendentes. E arrematou:

"(...) se eu capiscasse quatro palavras, ia apresentar-me. Saí do café e andei pelas ruas, sempre a imaginar-me professor de javanês, ganhando dinheiro, andando de bonde e sem encontros desagradáveis com os "cadáveres". Insensivelmente dirigi-me à Biblioteca Nacional. Não sabia bem que livro iria pedir; mas, entrei, entreguei o chapéu ao porteiro, recebi a senha e subi. Na escada, acudiu-me pedir a Grande Encyclopédie, letra J, a fim de consultar o artigo relativo a Java e a língua javanesa. Dito e feito. Fiquei sabendo, ao fim de alguns minutos, que Java era uma grande ilha do arquipélago de Sonda, colônia holandesa, e o javanês, língua aglutinante do grupo maleo-polinésico, possuía uma literatura digna de nota e escrita em caracteres derivados do velho alfabeto hindu". (LIMA BARRETO, 2002, p. 25).

A fala remete-nos a diplomata viajado, e disso pode dar prova o *capiscasse*, que nos faz recordar verbo italiano que em português teria por equivalente o *entender*. Por outro lado, pode-se cogitar de português macarrônico, tal como falado por imigrantes italianos, anarquistas, que grassavam no Rio de Janeiro do início do século. Lima Barreto demonstrou que o professor putativo de javanês estava disposto a ganhar a sobrevivência, não interessa a que custo. E contou:

> "A Encyclopédie dava-me indicação de trabalhos sobre a tal língua malaia e não tive dúvidas em consultar um deles. Copiei o alfabeto, a sua pronunciação figurada e saí. Andei pelas ruas, perambulando e mastigando letras. Na minha cabeça dançavam hieróglifos; de quando em quando consultava as minhas notas; entrava nos jardins e escrevia estes calungas na areia para guardá-los bem na memória e habituar a mão a escrevê-los. À noite, quando pude entrar em casa sem ser visto, para evitar indiscretas perguntas do encarregado, ainda continuei no quarto a engolir o meu "a-b-c" malaio, e, com tanto afinco levei o propósito que, de manhã, o sabia perfeitamente. Convenci-me que aquela era a língua mais fácil do mundo e saí (...)" (cit., loc.cit.).

Castelo lembrou que continuava fugindo do encarregado dos aluguéis dos cômodos, o que evidenciava que a necessidade de empregar-se era absoluta. Pedia mais tempo, explicando que seria nomeado professor de javanês, "*(...) uma língua que se fala lá pelas bandas do Timor*". Enviou uma carta ao jornal, oferecendo-se para a vaga inusitada que se abria. Continuou estudando a exótica língua da Oceania; não se dedicou com tanto afinco ao alfabeto e às sutilezas do idioma, tal como se entrava à bibliografia e à história literária da Ilha de Java. E adiantou:

> "Ao cabo de dois dias, recebia eu uma carta para ir falar ao doutor Manuel Feliciano Soares Albernaz, Barão de Jacuecanga, à Rua Conde de Bonfim, não me recordo bem que número. E preciso não te esqueceres que entrementes continuei estudando o meu malaio, isto é, o tal javanês. Além do

alfabeto, fiquei sabendo o nome de alguns autores, também perguntar e responder "como está o senhor?" – e duas ou três regras de gramática, lastrado todo esse saber com vinte palavras do léxico" (cit., p. 26).

Com sinceridade, descreveu o caminho até o empregador, relatando as dificuldades passadas, especialmente relativas aos *quatrocentos réis da viagem*. Do ponto de vista retórico, feito o exórdio, e apresentado o problema, Castelo tratou de fixar os argumentos (invenção), de organizá-los (disposição), plasmando narrativa cheia de credibilidade. Justificava-se:

"É mais fácil – podes ficar certo – aprender o javanês... Fui a pé. Cheguei suadíssimo; e, Com maternal carinho, as anosas mangueiras, que se perfilavam em alameda diante da casa do titular, me receberam, me acolheram e me reconfortaram. Em toda a minha vida, foi o único momento em que cheguei a sentir a simpatia da natureza... Era uma casa enorme que parecia estar deserta; estava mal tratada, mas não sei porque me veio pensar que nesse mau tratamento havia mais desleixo e cansaço de viver que mesmo pobreza. Devia haver anos que não era pintada. As paredes descascavam e os beirais do telhado, daquelas telhas vidradas de outros tempos, estavam desguarnecidos aqui e ali, como dentaduras decadentes ou mal cuidadas. Olhei um pouco o jardim e vi a pujança vingativa com que a tiririca e o carrapicho tinham expulsado os tinhorões e as begônias. Os crótons continuavam, porém, a viver com a sua folhagem de cores mortiças. Bati. Custaram-me a abrir. Veio, por fim, um antigo preto africano, cujas barbas e cabelo de algodão davam à sua fisionomia uma aguda impressão de velhice, doçura e sofrimento. Na sala, havia uma galeria de retratos: arrogantes senhores de barba em colar se perfilavam enquadrados em imensas molduras douradas, e doces perfis de senhoras, em bandós, com grandes leques, pareciam querer subir aos ares, enfunadas pelos redondos vestidos à balão; mas, daquelas velhas coisas, sobre as quais a poeira punha mais antiguidade e respeito, a que gostei mais de ver foi um belo jarrão de porcelana da China ou da Índia, como se diz. Aquela pureza da louça, a sua fragilidade, a ingenuidade do desenho e aquele seu fosco brilho de luar, diziam-me a mim que aquele objeto tinha sido feito por mãos de criança, a sonhar, para encanto dos olhos fatigados dos velhos desiludidos (...)" (cit., loc.cit.).

Castelo informou que logo em seguida chegou o dono da casa, um pouco atrasado. Tratava-se de um ancião. Teimosamente (coisa peculiar de velhos, segundo Castelo), o aluno queria saber onde o professor aprendeu javanês. Castelo observou que não contava com aquela pergunta. Disse que *imediatamente arquitetou uma mentira*. Teria falado que o pai era javanês, tripulante de navio mercante, que se estabeleceu nas proximidades de Canavieiras, na Bahia, como pescador; que teria se casado, e que prosperou. Foi com o pai que aprendeu javanês, explicou-se Castelo. Castro questionou a respeito do físico de Castelo, que já tinha resposta pronta:

"– Não sou, objetei, lá muito diferente de um javanês. Estes meus cabelos corridos, duros e grossos e a minha pele basané podem dar-me muito bem o aspecto de um mestiço de malaio...Tu sabes bem que, entre nós, há de tudo: índios, malaios, taitianos, malgaches, guanches, até godos. É uma comparsaria de raças e tipos de fazer inveja ao mundo inteiro" (cit., p. 27).

O aluno era da nobreza. Tratava-se do Barão de Jacuecanga. Uma estória curiosa justificaria o interesse no estudo de língua tão pouco falada por estas bandas, e de utilidade questionável. O velho então explicou a Castelo porque queria aprender javanês. A razão determinante era surpreendente:

"– O que eu quero, meu caro Senhor Castelo, é cumprir um juramento de família. Não sei se o senhor sabe que eu sou neto do Conselheiro Albernaz, aquele que acompanhou Pedro I, quando abdicou. Voltando de Londres, trouxe para aqui um livro em língua esquisita, a que tinha grande estimação. Fora um hindu ou siamês que lho dera, em Londres, em agradecimento a não sei que serviço prestado por meu avô. Ao morrer, meu avô chamou meu pai e lhe disse: "Filho, tenho este livro aqui, escrito em javanês. Disse-me quem me deu que ele evita desgraças e traz felicidades para quem o tem. Eu não sei nada ao certo. Em todo o caso, guarda-o; mas, se queres que o fado que me deitou o sábio oriental se cumpra, faze com que teu filho o entenda, para que sempre a nossa raça seja feliz." Meu pai, continuou o velho barão, não acreditou muito na história; contudo, guardou o livro. Às portas da morte, ele mo deu e disseme o que prometera ao pai. Em começo, pouco caso fiz da história do livro. Deitei-o a um canto e fabriquei minha vida. Cheguei até a esquecer-me dele; mas, de uns tempos a esta parte, tenho passado por tanto desgosto, tantas desgraças têm caído sobre a minha velhice que me lembrei do talismã da família. Tenho que o ler, que o compreender, se não quero que os meus últimos dias anunciem o desastre da minha posteridade; e, para entendê-lo, é claro, que preciso entender o javanês. Eis aí." (cit., p. 28).

Castelo notou que *"os olhos do velho se tinham orvalhado"*. E observou que depois de enxugar discretamente os olhos, o Barão lhe perguntou se queria ver o livro. Depois de chamar o criado, e explicar que havia perdido todos os filhos, sobrinhos, só lhe restando uma filha casada, e que esta última tinha apenas um filho, *"débil de corpo e de saúde frágil e oscilante"*, ordenou que lhe trouxessem o cartapácio. Castelo descreveu o livro, que suscitou toda a situação:

"Veio o livro. Era um velho calhamaço, um in-quarto antigo, encadernado em couro, impresso em grandes letras, em um papel amarelado e grosso. Faltava a folha do rosto e por isso não se podia ler a data da impressão. Tinha ainda umas páginas de prefácio, escritas em inglês, onde li que se tratava das histórias do príncipe Kulanga, escritor javanês de muito mérito" (cit., p. 28).

Castelo dissimulou que lera as informações em inglês. Tomou o cuidado de não revelar ao Barão que o inglês que sabia lhe possibilitava compreender as linhas gerais do livro. Contratou condições, preço e hora. Comprometeu-se a fazer com que o velho *"lesse o tal alfarrábio antes de um ano"*. As aulas começaram. O ancião não era muito diligente. Pelo contrário, preguiça e displicência pareciam ser as características de estudante. Castelo observou que levaram um mês com metade do alfabeto. O aluno aprendia e desaprendia. A filha e o genro do Barão não se preocupavam com as aulas. Pelo contrário, alegravam-se com o fato de que o Barão se divertia. O genro, aliás, impressionava-se com o professor de javanês. Dizia que aquilo *era um assombro*. E continuou Castelo, entabulando relações que lhe abrirão as portas para a vida burocrática:

> "O marido de Dona Maria da Glória (assim se chamava a filha do barão), era desembargador, homem relacionado e poderoso; mas não se pejava em mostrar diante de todo o mundo a sua admiração pelo meu javanês. Por outro lado, o barão estava contentíssimo. Ao fim de dois meses, desistira da aprendizagem e pedira-me que lhe traduzisse, um dia sim outro não, um trecho do livro encantado. Bastava entendê-lo, disse-me ele; nada se opunha que outrem o traduzisse e ele ouvisse. Assim evitava a fadiga do estudo e cumpria o encargo" (cit., p. 29).

O compromisso com eventual verdade foi definitivamente rompido quando Castelo revelou que nada sabia de javanês (o que o leitor já sabe desde o início), mas que compôs histórias tolas, a título de traduzir o livro, e que o velho acreditava em todas elas. E ainda:

> "Ficava extático, como se estivesse a ouvir palavras de um anjo. E eu crescia aos seus olhos! Fez-me morar em sua casa, enchia-me de presentes, aumentava-me o ordenado. Passava, enfim, uma vida regalada. Contribuiu muito para isso o fato de vir ele a receber uma herança de um seu parente esquecido que vivia em Portugal. O bom velho atribuiu a cousa ao meu javanês; e eu estive quase a crê-lo também" (cit., p. 29).

O bote foi dado. A partir do genro do Barão, Castelo teria conseguido se aproximar da vida diplomática. Trata-se do momento mais significativamente crítico do conto, na medida em que Lima Barreto indicou as linhas gerais que marcaram a entrada de Castelo para o serviço diplomático. A diplomacia era o sonho de muitos intelectuais, que disporiam de tempo para dedicação exclusiva ao estudo e às atividades literárias. Segundo Castelo, eis como ele teria alcançado o Itamaraty:

"Fui perdendo os remorsos; mas, em todo o caso, sempre tive medo que me aparecesse pela frente alguém que soubesse o tal patuá malaio. E esse meu temor foi grande, quando o doce barão me mandou com uma carta ao Visconde de Caruru, para que me fizesse entrar na diplomacia. Fiz-lhe todas as objeções: a minha fealdade, a falta de elegância, o meu aspecto tagalo. – 'Qual! retrucava ele. Vá, menino; você sabe javanês!' Fui. Mandou-me o visconde para a Secretaria dos Estrangeiros com diversas recomendações. Foi um sucesso. O diretor chamou os chefes de secção: 'Vejam só, um homem que sabe javanês – que portento!' Os chefes de secção levaram-me aos oficiais e amanuenses e houve um destes que me olhou mais com ódio do que com inveja ou admiração. E todos diziam: 'Então sabe javanês? É difícil? Não há quem o saiba aqui!' O tal amanuense, que me olhou com ódio, acudiu então: 'É verdade, mas eu sei canaque. O senhor sabe?' Disse-lhe que não e fui à presença do ministro. A alta autoridade levantou-se, pôs as mãos às cadeiras, concertou o pince-nez no nariz e perguntou: 'Então, sabe javanês?' Respondi-lhe que sim; e, à sua pergunta onde o tinha aprendido, contei-lhe a história do tal pai javanês. 'Bem, disse-me o ministro, o senhor não deve ir para a diplomacia; o seu físico não se presta... O bom seria um consulado na Ásia ou Oceania. Por ora, não há vaga, mas vou fazer uma reforma e o senhor entrará. De hoje em diante, porém, fica adido ao meu ministério e quero que, para o ano, parta para Bâle, onde vai representar o Brasil no Congresso de Lingüística. Estude, leia o Hovelacque, o Max Müller, e outros!" (cit., p. 29-30).

Castelo estava definitivamente empregado. Observou ao amigo que nada sabia de javanês, e que representaria o Brasil num congresso de sábios. O Barão havia morrido um pouco antes. O livro escrito em javanês ficou com o filho, que o deixaria para o neto. Castelo foi brindado no testamento do aluno, com alguns benefícios materiais. Continuava estudando as línguas malaio-polinésias, porém confessava que não havia forma de as aprender. Comprava livros, assinava revistas. Era apontado nas ruas como o *homem que sabia javanês*. E continuava:

"Nas livrarias, os gramáticos consultavam-me sobre a colocação dos pronomes no tal jargão das ilhas de Sonda. Recebia cartas dos eruditos do interior, os jornais citavam o meu saber e recusei aceitar uma turma de alunos sequiosos de entenderem o tal javanês. A convite da redação, escrevi, no Jornal do Comércio um artigo de quatro colunas sobre a literatura javanesa antiga e moderna (...)" (cit., p. 30).

Contou ao amigo que descrevia a ilha de Java com o auxílio de dicionários, com alguns livros de geografia, que citava o tempo todo. O amigo perguntou se alguém duvidara do conhecimento que Castelo teria do javanês, se já teria passado por algum apuro. Ao que respondeu o narrador:

"– Nunca. Isto é, uma vez quase fico perdido. A polícia prendeu um sujeito, um marujo, um tipo bronzeado que só falava uma língua esquisita. Chamaram diversos intérpretes, ninguém o entendia. Fui também chamado, com todos os respeitos que a minha sabedoria merecia, naturalmente. Demorei-me em ir, mas fui afinal. O homem já estava solto, graças à intervenção do cônsul holandês, a quem ele se fez compreender com meia dúzia de palavras holandesas. E o tal marujo era javanês – uf!" (cit., p. 31).

Castelo ainda contou sua participação no encontro de sábios. O *professor de javanês* estava entre os eruditos, era especialista em assunto hermético, e de conhecimento reduzido a um pequeno grupo de iluminados. Seguro da posição, e de que *sabia javanês,* Castelo atendeu o congresso, com muita segurança:

"Chegou, enfim, a época do congresso, e lá fui para a Europa. Que delícia! Assisti à inauguração e às sessões preparatórias. Inscreveram-me na secção do tupi-guarani e eu abalei para Paris. Antes, porém, fiz publicar no Mensageiro de Bâle o meu retrato, notas biográficas e bibliográficas. Quando voltei, o presidente pediu-me desculpas por me ter dado aquela secção; não conhecia os meus trabalhos e julgara que, por ser eu americano brasileiro, me estava naturalmente indicada a secção do tupi– guarani. Aceitei as explicações e até hoje ainda não pude escrever as minhas obras sobre o javanês, para lhe mandar, conforme prometi. Acabado o congresso, fiz publicar extratos do artigo do

Mensageiro de Bâle, em Berlim, em Turim e Paris, onde os leitores de minhas obras me ofereceram um banquete, presidido pelo Senador Gorot. Custou-me toda essa brincadeira, inclusive o banquete que me foi oferecido, cerca de dez mil francos, quase toda a herança do crédulo e bom Barão de Jacuecanga." (cit., p. 31).

Castelo não se arrependia de tudo que viveu, e pelo que passou. A opção para o ensino de javanês, uma língua que desconhecia, fora a alternativa para a sobrevivência, para que se livrasse das agruras na cidade-grande. Fez-se como professor de javanês, língua que ninguém conhecia. E justificava-se:

"Não perdi meu tempo nem meu dinheiro. Passei a ser uma glória nacional e, ao saltar no cais Pharoux, recebi uma ovação de todas as classes sociais e o presidente da república, dias depois, convidava-me para almoçar em sua companhia. Dentro de seis meses fui despachado cônsul em Havana, onde estive seis anos e para onde voltarei, a fim de aperfeiçoar os meus estudos das línguas da Malaia, Melanésia e Polinésia." (cit., loc.cit.).

A glória nacional, ovacionada por todas as classes, recebida pelo presidente da república, com quem almoçara, surgira de uma farsa, de uma mentira. Havia legitimidade na atitude? A literatura de Lima Barreto fixa preocupação perene com a solidariedade humana; trata-se de idéia base que cimentou todo seu caminho como autor, na opinião de especialista (cf. SEVCENKO, 2003, p. 220). Nesse sentido:

"O primeiro sintoma da autenticidade dessa convicção é o sentimento misto de desprezo e náusea que o autor votava a toda e qualquer atitude, emoção, símbolo, objeto ou pessoa que pudesse significar uma ameaça para a identificação profunda entre todos os seres humanos. Assim era com a concorrência, as rivalidades, as hostilidades, os animais ferozes, os galos de briga, os esportes violentos, a guerra, os motins e levantes, qualquer forma de conflito e violência enfim. Era obsedante a sua revolta contra a 'filosofia da força', pretensamente inspirada em Nietzsche (...) (SEVCENKO, cit., p. 221).

Parece que Lima Barreto pretendia alcançar equilíbrio nas relações humanas, que deveriam ser marcadas pela franqueza e pela honestidade; não haveria espaço para chicanas. De tal modo, inconcebível o triunfo que decorreria de uma mentira. *O Homem que Sabia Javanês* é, nesse sentido, denúncia contra bacharelismo que não tinha limites para que se alcançasse posição social de relevo. É ainda de Nicolau Sevcenko a passagem que segue:

"Simultânea à preocupação da solidariedade, havia no autor o anseio de uma estabilidade fundamental de todas as coisas, que neutralizasse toda forma de concorrência entre os homens e reorientasse as energias daí tiradas no sentido de um convívio mais íntimo, profundo e simpático com a natureza, seus frutos e seus filhos." (cit., loc. cit.).

O *truque* usado por Castelo rompe com concorrência natural que deveria reger as relações humanas. A denúncia reflete a vida de Lima Barreto e, nos termos de estudiosa de nossa literatura:

"Afonso Henriques de Lima Barreto (1883-1922) nasce e morre no Rio de Janeiro: e sua existência é (em tríptico com as vidas de Cruz e Sousa, negro, e Machado de Assis, mulato dissimulado) aquela mesma, atribulada e complexada, do homem de cor numa sociedade não racista, mas classista: e em que, não por acaso, a cor coincide amiúde com a classe. Machado de Assis reagia com a epilepsia e a integração, Lima Barreto com o alcoolismo e o protesto socialista. Seu mundo não é o alto-burguês de Machado de Assis, mas o pequeno-burguês e proletário das suas personagens gogolianas: escrivães, empregadinhos, gente de bairros suburbanos em época de serenatas e tragédias de periferia. E cada página escrita transpira à autobiografia: a história transposta do mestiço que foi Lima Barreto, filho de um tipógrafo e de uma professora primária, órgão de mãe aos sete anos, protegido pelo padrinho, o visconde de Ouro Preto (...) hóspede com o pai, que aí trabalha como guarda e depois levará consigo a lembrança alucinante vida afora, alcoólatra precoce e, por sua vez, hóspede intermitente de manicômios. Mas também intelectual empenhado como poucos e culturalmente preparado pela leitura dos grandes romances franceses e russos para a adesão entusiasta à Revolução de Outubro". (STEGAGNO-PICCHIO, 2004, p. 441).

O relato do *Homem que Sabia Javanês* é autobiográfico na medida em que o autor se vê como quem quer que tenha sido prejudicado com os meios que Castelo usou para alcançar o cargo público que detinha. Não se trata de autobiografia, no sentido de que Lima Barreto se retrataria em Castelo, evidentemente. O conto é autobiográfico, efetivamente, porquanto Lima Barreto se via como membro de qualquer sociedade que desprezasse a meritocracia, em favor do apadrinhamento. Assim:

"Afonso Henriques de Lima Barreto retratou-se impiedosamente nas obras que realizou. Não somente a si mesmo, como a toda a humanidade, captando o que há de essencial na alma humana: o amor. Por mais contraditório que pareça falar de tal sentimento, uma vez que o escritor não o tratou diretamente na obra e, muito menos, em vida. Demonstra, ao contrário, que sempre esteve longe de tal sentimento. Mas é justamente da negação que vem a confirmação." (NOLASCO-FREIRE, 2005, p. 123).

A verdade que substancializa o pensamento de Castelo, denunciada por Lima Barreto, previa relatividade que nos remete a aforismo de Nietzsche:

"O conhecimento só pode admitir como motivos o prazer e o desprazer, o proveitoso e o nocivo: mas como se arrumarão esses motivos com o senso da verdade? Pois eles também se ligam a erros (na medida em que, como foi dito, a inclinação e a aversão, e suas injustas medições, determinam essencialmente nosso prazer e desprazer. Toda a vida humana está profundamente embebida na inverdade: o indivíduo não pode retirá-la de tal poço sem irritar-se com seu passado por profundas razões, sem achar descabidos os seus motivos presentes, como os da honra, e sem opor zombaria e desdém às paixões que impelem ao futuro e a uma felicidade neste." (NIETZSCHE, 2001, p. 40).

Poder-se-ia argumentar que Castelo não causou mal a ninguém, e que até fora importante no resgate histórico do velho

Barão, que morreu acreditando ter cumprido a promessa de traduzir o livro que lhe servia de amuleto. Ter-se-ia como suporte teórico uma compreensão de gradualização da verdade, e a questão fora mais uma vez abordada pelo ceticismo de Nietzsche:

"Pretensos graus de verdade. – Um dos mais freqüentes erros de raciocínio é este: se alguém é verdadeiro e sincero conosco, então ele diz a verdade. Assim a criança acredita nos julgamentos de seus pais, o cristão nas afirmações dos fundadores da Igreja. De igual maneira, não se quer admitir que tudo o que os homens defenderam com o sacrifício da felicidade e da vida, em séculos passados, eram apenas erros: talvez se diga que eram estágios da verdade. Mas no fundo as pessoas acham que, se alguém acreditou honestamente em algo e lutou e morreu por sua crença, seria bastante injusto se apenas um erro o tivesse animado. Tal acontecimento parece contradizer a justiça eterna: eis porque o coração dos homens sensíveis sempre decreta, em oposição a sua cabeça, que entre as ações morais e as percepções intelectuais deve necessariamente existir uma ligação. Infelizmente não é assim: pois não há justiça." (cit., p. 56).

E complementava o filósofo alemão, suspeitando de qualquer forma de verdade, assunto que será retomado pelo chamado pensamento pós-moderno, especialmente na crítica que se opõe às chamadas *grandes narrativas:*

"A mentira. – Por que, na vida cotidiana, os homens normalmente dizem a verdade? – Não porque um deus tenha proibido a mentira, certamente. Mas, em primeiro lugar, porque é mais cômodo; pois a mentira exige invenção, dissimulação e memória (...)" (cit., loc.cit.).

Castelo teve grande trabalho em sustentar a mentira. Quando indagado a respeito de onde aprendeu javanês, inventou um pai marinheiro que passara pela Bahia. Teria de se lembrar freqüentemente da urdidura que tramou, correndo o risco de ser desmascarado, o que poderia ter acontecido com a necessidade de intérprete para o marinheiro preso no Rio de Janeiro, não fosse a autoridade diplomática holandesa. Retomando-se o problema colocado alguns parágrafos acima, deve-se afirmar que há prejuízos causados por Castelo. A vaga de cônsul fora preenchida por um estelionatário da cultura. Suposta harmonia, idilicamente imaginada por Lima Barreto, fora rompida. Na impressão de seu mais importante biógrafo,

> "Na sua aparente humildade, não era homem para se dobrar a ninguém. O orgulho doía-lhe mais que o estômago. E assim, as oportunidades que apareciam não foram aproveitadas, por inteiro, contribuindo apenas, a cada malogro, para aumentar-lhe o sentimento de revolta, que foi nele, por assim dizer, inato." (BARBOSA, 1988, p. 131).

Ao denunciar o *homem que sabia javanês* Lima Barreto tornava pública a revolta que vivia. Intelectual, porém com possibilidades limitadas de ascensão social, por conta das origens e da ascendência escrava, Lima Barreto fora preterido inúmeras vezes. Não conseguiu a imortalidade da Academia Brasileira de Letras. Jamais foi lembrado para posto no exterior. Mofou como amanuense em repartição pública que odiava. Enquanto isso, *muitos professores de javanês* atendiam congressos e representavam o país no exterior. Quando voltavam, eram recebidos com júbilo. Lima Barreto, vencido pela dipsomania, terminava seus dias num manicômio.

Se os fins justificam os meios, a premissa legitimaria a estratégia de Castelo. Se do ponto de vista kantiano, a verdade o é para quem o merece, não se saberá se o velho Barão teria direito de não ser enganado. Mas se a verdade é imperativo para convivência sadia e igualdade de chances de concorrência (*Chancengleicheit*), o *Homem que Sabia Javanês* inscreve-se no panteão nacional que plasma anti-heróis marcados pelo mau-caráter.

Com esses dois exemplos colhidos na literatura de Lima Barreto, pretendo ter demonstrado exemplos da exploração do direito na literatura, como proposto por John Wigmore.

3. A Literatura *no* Direito

A literatura *no* direito é campo que estimula estudos de técnicas literárias na concepção dos textos jurídicos. Petições, decisões, excertos de doutrina, peças presentes, pretéritas. O direito é técnica discursiva, remete-nos à decisão e, nesse sentido, manifesta-se também literariamente em miríade de textos. O direito é narrativa. O presente capítulo explora essas premissas a partir do pensamento de Benjamin Nathan Cardozo, jurista norte-americano que já na década de 1920 discutia a natureza do discurso jurídico, inclusive esboçando tentativa de taxonomia.

Benjamin Nathan Cardozo nasceu em 1870 e faleceu em 1938. De ascendência judaico-sefardita, Cardozo foi juiz em Nova Iorque e posteriormente ocupou uma vaga na Suprema Corte em Washington. Estudou Direito em Columbia e depois estagiou no escritório de seu pai. O pai foi juiz em Nova Iorque, e ao que parece fora afastado por suspeita de corrupção. Albert Cardozo, logo após o nascimento de Benjamin, renunciou o cargo de juiz para evitar um processo de *impeachment*; manteve, no entanto, a prerrogativa para advogar, profissão que exerceu com razoável sucesso.

É copiosa a Literatura especializada que investiga a luta de Benjamin Cardozo para afastar de si a sombra de desconfiança que havia em relação a seu pai (cf. POSNER, 1990). O pai *pode* ter representado um problema para o filho, dividido na admiração por um genitor que freqüentava a sinagoga, cheio de princípios, e que também, talvez movido por considerações políticas, recebia dinheiro por debaixo da mesa (*who took money beneath the table*) (cf. KAUFMAN, 1994, p. 271). Benjamin Cardozo era refratário a uma participação política mais ativista (cf. KAUFMAN, 1998,

p. 1247 e ss.). Ao não se mostrar caudatário a grupinhos, fora admirado por amigos e inimigos (cf. KAUFMAN, 1998b, p. 1259 e ss.).

Seus antepassados chegaram nos Estados Unidos ainda no século XVIII. Cardozo tinha irmã gêmea, além de outros seis irmãos, entre os quais uma irmã mais velha, Ellen, que o criou, após a morte da mãe, o que aconteceu quando Benjamin tinha nove anos. Seu pai faleceu quando Benjamin contava com quinze anos.

A herança deixada pelo pai permitiu vida confortável. Viviam em Nova Iorque, na Madison Avenue. Cardozo destacou-se como advogado. Bons relacionamentos nos meios jurídicos lhe abriram as portas para a judicatura (cf. POSNER, 1990). Em 1932 Cardozo foi indicado para a Suprema Corte pelo Presidente Herbert Hoover; Cardozo ocupou a vaga de Oliver Wendell Holmes Jr. (cf. KAUFMAN, 2002, p. 88).

Cardozo foi um realista no sentido que adaptava as circunstâncias normativas às instâncias da vida real. Seu voto no caso *MacPherson v. The Buick Co.* (217 N.Y., 382, III N.E. 1050), ainda em 1916, quando era juiz em Nova Iorque, é paradigmático em termos de responsabilidade civil. Cardozo percebia o Direito como servo das necessidades humanas e não dos desejos de mandarins e poderosos (cf. POSNER, 1990, p. 107).

À época do caso *MacPherson* a lei determinava que o fabricante de um produto que ferisse um consumidor não seria responsável por danos causados, e nem culpado por negligência, a menos que houvesse assinado contrato nesse sentido, com o consumidor. Havia exceção à regra, de difícil e rara utilização, referente a produtos anormalmente perigosos. E foi a exceção que Cardozo explorou no aludido caso, de modo a implementar sua visão jurisprudencial (cf. POSNER, cit., p. 108). Narro o caso.

MacPherson havia comprado um *Buick* de uma revenda de automóveis. Certo dia, enquanto dirigia, um problema em uma das rodas provocou um acidente, que resultou em ferimentos sérios no condutor do veículo. MacPherson ajuizou ação contra a empresa *Buick*, fabricante do carro. A ré havia comprado as rodas de outro fabricante e não conseguira detectar o defeito causador do acidente, o que, ao que consta, uma inspeção poderia ter indicado.

A ré não havia inspecionado as rodas que comprou de outro produtor, embora houvesse testado todos os automóveis antes de entregá-los aos consumidores. Cardozo decidiu com admirável tato retórico. Ao vendedor do automóvel cabia prioritariamente a responsabilidade em indenizar, dado que é sua obrigação garantir a segurança do objeto que estava vendendo. Poderia, em seguida, transferir o ônus da transação buscando indenização do fabricante do veículo, até por razões contratuais. Este, por fim, poderia argüir indenização a ser paga pelo fabricante da peça inapropriada (cf. POSNER, cit., loc.cit.). A decisão foi redigida em impressionante estilo narrativo. Tem-se impressão de se ler ficção.

Cardozo foi um dos mais importantes juízes ao longo da administração Franklin Delano Roosevelt, que na década de 1930 tentou aprovar a legislação que implementou o programa antirecessivo, o *New Deal*, fortemente inspirado no intervencionismo de John Maynard Keynes. Cardozo materializou o realismo jurídico, em momento de fortíssima interferência judicial na vida nacional (cf. HOLLAND, 1963, p. 383 e ss.).

Ao lado de Louis Brandeis e de Harlan Fiske Stone, Cardozo votou freqüentemente em favor das medidas do *New Deal*, que promoviam abordagem mais liberal na aplicação do direito vigente nos Estados Unidos. A afinidade de Cardozo com o programa de Roosevelt, com os objetivos sociais que oxigenavam as medidas tomadas, bem como a convicção de que os tempos estavam mudando e de que a constituição necessitava de modelo interpretativo mais flexível marcaram suas opções jurisprudenciais (cf. POLENBERG, 1997, p. 195). Escreveu livro seminal para a compreensão do realismo jurídico norte-americano, *A Natureza do Processo Judicial – The Nature of the Judicial Process*. Trate-se de opúsculo no qual demonstrou conhecer o pensamento jurídico da época, com estações nos autores alemães, a exemplo de Eugen Ehrlich e de Rudolf Von Iehring e na sociologia francesa, a propósito da referência a Emile Durkheim. Para Cardozo,

> "O trabalho de um juiz é em um sentido duradouro e em outro sentido é efêmero. O que é bem feito e bom por si mesmo vai durar. O que é cheio de erros certamente vai

perecer. O bom trabalho judicial permanece como uma das fundações sobre a qual as novas estruturas serão construídas. O mau trabalho judicial será rejeitado e relegado ao laboratório dos anos. Pouco a pouco a velha doutrina é minada. Com regularidade as intromissões são tão graduais que seus significados são de início obscuros. Finalmente, descobrimos que os contornos da paisagem têm se modificado, que os velhos mapas devem ser deixados de lado e que o campo deve ser mapeado de novo." (1991, p. 178).

Adepto absoluto do pragmatismo, valeu-se de William James para desmistificar o papel dos juízes:

"Somos lembrados por William James em substancial passagem de suas aulas sobre o pragmatismo, que cada um de nós possui verdadeiramente uma subjacente filosofia de vida, até mesmos aqueles de nós para quem são desconhecidos os nomes e as noções de filosofia. Há em todos nós uma tendência, chame isso de filosofia ou não, que nos confere coerência ao nosso pensamento e às nossas ações. Os juízes não conseguem escapar desse fato que ocorre com todos os mortais." (cit., p. 12).

Dessacralizou o magistrado, quem reputava como mortal, ser humano como qualquer outro, e que ao decidir decalcaria no ato decisório as suas idiossincrasias:

"Em todas suas vidas [dos juízes] forças que eles não reconhecem e não conseguem nominar disputam neles mesmos – instintos herdados, crenças tradicionais, convicções adquiridas; e o resultado é um modo de se ver a vida, uma concepção de necessidades sociais (...) a partir desse pano de fundo mental todos os problemas encontram um abrigo. Podemos tentar ver as coisas tão objetivamente quando podemos. Todavia, não podemos ver as coisas com outros olhos exceto com os nossos próprios." (cit., loc.cit.).

No entanto, insistia na responsabilidade do magistrado, porque "a sentença de hoje fará o certo e o errado de amanhã (...) Se o juiz pronuncia sua decisão com sabedoria, alguns princípios seletivos deve haver para guiá-lo entre todas as soluções que potencialmente lutam por reconhecimento (...)" (cit. p. 21). A aderência do juiz ao precedente indicaria elementos subconscientes que agiriam no processo judicial. Esses estados acompanhariam e muitas vezes refletiriam concepções de direito que seriam também adotadas pela coletividade, mesmo no caso de inexistência de normas específicas. E assim, especialmente em circunstâncias indicativas de lacunas (gaps):

> "(...) quando ao Direito é deixada uma situação não alcançada por uma regra jurídica pré-existente, não há nada a ser feito a não ser contar com um árbitro imparcial que declarará o que deverá ser feito por homens justos e razoáveis, que conhecem os hábitos e costumes da vida em comunidade, e que parâmetros de justiça e de negociação justa prevalecerão, o que deverá ser feito nessas circunstâncias, a partir de regras que não o costume e a consciência que guia essas condutas. A sensação que se tem é que em nove casos entre dez a conduta de razoáveis não seria diferente do comportamento previsto pela lei, se norma existisse." (cit., p. 143).

Há vários meios de se decidirem os mesmos casos levados à justiça. A personalidade do magistrado definiria escolhas:

> "As excentricidades dos juízes compensam as diferenças que há entre eles. Um determinado juiz olha para os problemas a partir de um ponto de vista histórico, outro sob um prisma filosófico, um terceiro a partir da utilidade social; um deles é formalista, outro é latitudinário, um deles tem medo da mudança, outro é insatisfeito com o presente; a partir do atrito de diversas mentes alcança-se algo que tenha constância e uniformidade bem maiores do que seus componentes individuais." (cit., p. 177).

Aproveitava para contrabalançar também os papéis do legislador e do magistrado, dado que o legislador também é criador do direito e também a ele falta objetividade, pelas mesmas razões apontadas em relação aos juízes:

> "Se perguntarmos como um interesse deve se sobrepor ao outro [entre legisladores e juízes], eu posso apenas responder que o juiz deve obter seu conhecimento do mesmo modo que o legislador obtém o seu, a partir da experiência, do estudo e da reflexão; em poucas palavras, a partir

da vida mesmo. A escolha de método, o peso de valores, precisam ao fim ser guiados por considerações de ambos. Cada um deles está legislando nos limites de suas competências. Não há dúvida de que os limites dos juízes são mais estreitos. O juiz só legisla onde há lacunas. Ele preenche os espaços vazios que há na lei (...). Não obstante, nos limites entre os espaços livres, os precedentes e as tradições, as escolhas se movimentam com liberdade que marca a ação como criativa. O Direito que se aplica não é encontrado, ele é feito. O processo, sendo legislativo, exige a sabedoria do legislador". (CARDOSO, in FISHER III, 1993, p. 177).

Percebia no juiz papel judicial criativo, positivo, produtor de normas, a exemplo da atividade do legislador propriamente dito, embora, em princípio, em espaço mais fechado. Ao imputar ao juiz o papel de produtor do direito, de alguém que faz a norma, e que não a encontra, desafiava a tradição que radica em Montesquieu e que vê o magistrado apenas como *a boca da lei*. Ao afirmar que há várias maneiras de se julgar um mesmo caso e que a personalidade do julgador é o termômetro das decisões que toma, Cardozo, ele mesmo um reputadíssimo magistrado, oferecia a própria biografia em holocausto, para confirmar assertivas nas quais se assentava o realismo jurídico norte-americano. Cardozo escrevia com beleza, profundidade, sentimento (cf. HAND, 1938, p. 496); balizando-se por expressiva retidão moral (cf. BRUBAKER, 1979, p. 229).

Cardozo era realista. E como tal, era hostil para com concepções metafísicas de justiça, de justo e de direito. Insistia no direito *como* atividade literária. O texto essencial de Cardozo relativo ao direito *como* literatura foi originariamente publicado em 1925, posteriormente reproduzido num volume de ensaios, de 1931, e também estampado no volume 48 da *Yale Law Journal*, de 1938, com introdução de J. M. Landis; este último afirmava estar triste com o fato de Cardozo ter seguido a carreira da magistratura, afinal, era um exímio ensaísta... No entanto, o pensamento de Cardozo indicava as nuances de filosofia do direito comprometida com causas de avanço humano. Passo ao texto de Cardozo, que ao presente ensaio interessa.

Com elegância, e com humor, principiava afirmando que *amigos tinham lhe dito que uma decisão judicial em nada se assemelha à Literatura.* E passou a desconstruir a assertiva. Cardozo firmou-se como jurista dotado de qualidades de filósofo e humanista (cf. TULLIS, 1938, p. 147 e ss.). Para Cardozo direito *é* literatura. Lembrava inicialmente um romancista francês, Henri Beyles, que teria afirmado que só havia um estilo literariamente perfeito: o estilo do Código Civil de 1804, promulgado por Napoleão Bonaparte (que não é seu redator, bem entendido). E Beyles, continuava Cardozo, todos os dias, antes do café da manhã, dedicava-se a ler e a copiar alguns parágrafos do *Code Français*. Cardozo dizia preferir a prática da *calistenia* (exercícios físicos), e que assim sentia-se melhor... (cf. CARDOZO, 1938). Lançou a isca.

Observou, no entanto, que também se alimentava de literatura, embora o fizesse em tablets menos concentrados. Ao citar um literato que absorvia literatura jurídica como referencial estilístico, firmou tese no sentido de que direito seria literatura, também em sentido estrito, adiantando-se a Terry Eagleton, embora de modo suspeito, porquanto ele – Cardozo – era jurista. Advogados, em geral, não teriam posição ativa quanto a problemas literários. Quando muito, exprimiriam admiração, ou indiferença cínica. Cardozo lembrava que os advogados com os quais convivia observavam que perdiam tempo com literatura, porque somente a substância os interessava; no entanto, faziam literatura... E o faziam também formalmente.

Cardozo então avançava para questões de forma e substância. A substância (jurídica) circulava por meio de forma (literária). E não haveria como se dissociar as duas grandezas. Lembrou que os filósofos tentam especificar diferenças entre substância e aparência, no mundo material; e não teriam melhor sorte se o tentassem também no mundo do pensamento. A forma não se adere à substância como mero adereço; forma e substância fundem-se, matizam unidade única. Direito e literatura, substância e forma, nesse sentido, subsistiriam amalgamados. O estilo, enfim, não seria o bicho-papão de uma decisão judicial; faria parte dela mesma; é ela. Assim, o que poderia ser identificado como estilisticamente mais adequado? Arrematava Cardozo, que não tinha dúvidas, porque *"(...) em matéria de estilo literário, a virtude soberana de um juiz é a clareza"* (cit., loc.cit.).

Para Cardozo, um quadro não poderia ser pintado se fosse dada preferência ao insignificante, em desfavor do que mais significativo. É função do artista (e no caso também do jurista) selecionar adequadamente. Cardozo recomendava que se redigisse uma decisão, que se a lesse alguns anos depois, especialmente depois que o texto fosse dissecado por advogados e comentadores. O autor da sentença descobriria suas limitações. No entanto, continuava Cardozo, embora a clareza fosse a qualidade soberana, não seria a única a ser perseguida. Mesmo se o fosse, acrescentava, vários caminhos levariam a ela.

Insistia que a decisão, além de clara, deveria ser também absolutamente persuasiva. A sinceridade deveria informá-la, como virtude; seria acompanhada por força vinculante de provérbios e máximas. A negligência para com a clareza, a persuasão e a sinceridade seriam as marcas de estilo jurídico fracassado.

Em seguida, Cardozo dizia socorrer-se da memória e identificava seis modelos de narrativa jurídica, estilisticamente demarcados: *1) Profissional ou imperativo; 2) Lacônico ou sentencioso; 3) Conversador ou familiar; 4) Refinado ou artificial; 5) Demonstrativo ou persuasivo; 6) Aglutinativo.*

O modelo profissional ou imperativo seria o mais adequado em dignidade e poder. Rico em exemplos e em analogias, substancializaria a força do silogismo. Seu destinatário ouviria a voz da lei, por seus ministros consagrados com a calma e a segurança que caracterizam a força e o poder. Marshall (juiz do século XIX, que julgou o caso *Marbury v. Madison,* símbolo do *judicial review*) seria o mais consagrado representante do primeiro modelo de retórica judicial. O poder judiciário seria exercido com o propósito de se revelar a vontade do legislativo, da lei, em desfavor dos desejos próprios do magistrado.

A revelação da lei seria inspiradora e irresistível. O movimento da premissa para a conclusão deveria ser impessoal, como sintoma de progresso inevitável de força inexorável. O estilo profissional ou imperativo identificaria homens conscientes do próprio poder, marcando-se o desenvolvimento do direito como processo contínuo de adaptação e ajuste. Adiantando-se ao conceito de *experimentalismo democrático,* de Roberto Mangabeira Unger, professor da Harvard Law School, e que é ativista político no Brasil, Cardozo observava que a constituição é um experimento, como tudo na vida. A fala do judiciário é que marcaria limites e avanços.

Procuro adaptar os demais conceitos aos textos e referenciais que utilizamos no Brasil. Lacônica deve ser a redação jurídica sintética, direta, pouco explicativa, porém riquíssima em conteúdo, a exemplo da linguagem da lei propriamente dita. É o caso, entre nós, dos objetivos da Lei Complementar nº 95, de 26 de fevereiro de 1998, que dispõe sobre elaboração, redação, alteração e consolidação de leis. Quanto ao estilo, prescreve-se:

> "Art. 11. As disposições normativas serão redigidas com clareza, precisão e ordem lógica, observadas, para esse propósito, as seguintes normas:
>
> I – para a obtenção de clareza:
>
> a) usar as palavras e as expressões em seu sentido comum, salvo quando a norma versar sobre assunto técnico, hipótese em que se empregará a nomenclatura própria da área em que se esteja legislando;
>
> b) usar frases curtas e concisas;
>
> c) construir as orações na ordem direta, evitando preciosismo, neologismo e adjetivações dispensáveis;
>
> d) buscar a uniformidade do tempo verbal em todo o texto das normas legais, dando preferência ao tempo presente ou ao futuro simples do presente;
>
> e) usar os recursos de pontuação de forma judiciosa, evitando os abusos de caráter estilístico;
>
> II – para a obtenção de precisão:
>
> a) articular a linguagem, técnica ou comum, de modo a ensejar perfeita compreensão do objetivo da lei e a permitir que seu texto evidencie com clareza o conteúdo e o alcance que o legislador pretende dar à norma;
>
> b) expressar a idéia, quando repetida no texto, por meio das mesmas palavras, evitando o emprego de sinonímia com propósito meramente estilístico;
>
> c) evitar o emprego de expressão ou palavra que confira duplo sentido ao texto;

d) escolher termos que tenham o mesmo sentido e significado na maior parte do território nacional, evitando o uso de expressões locais ou regionais;

e) usar apenas siglas consagradas pelo uso, observado o princípio de que a primeira referência no texto seja acompanhada de explicitação de seu significado;

f) grafar por extenso quaisquer referências a números e percentuais, exceto data, número de lei e nos casos em que houver prejuízo para a compreensão do texto;

g) indicar, expressamente, o dispositivo objeto de remissão, em vez de usar as expressões 'anterior', 'seguinte' ou equivalentes;

III – para a obtenção de ordem lógica:

a) reunir sob as categorias de agregação – subseção, seção, capítulo, título e livro – apenas as disposições relacionadas com o objeto da lei;

b) restringir o conteúdo de cada artigo da lei a um único assunto ou princípio;

c) expressar por meio dos parágrafos os aspectos complementares à norma enunciada no *caput* do artigo e as exceções à regra por este estabelecida;

d) promover as discriminações e enumerações por meio dos incisos, alíneas e itens".

O estilo conversador ou familiar é repleto de lugares comuns, de significados condicionados a conhecimento prévio do repertório, tal como utilizado pelo autor. É o que se encontra em algumas decisões, que se propõem didáticas, mas que pecam pela repetição e multiplicação de lugares-comuns. O modelo refinado marca praga narrativa que aprisiona o direito. É o recurso clássico do latim macarrônico, de expressões fora de uso, de estrangeirismos, a exemplo de espanholismos como *"sem embargo"*, um dos mais repetidos.

O estilo persuasivo pode ser identificado nos textos ricos em notas de rodapé e de argumentos de autoridade, a exemplo de excertos de doutrina. O modelo aglutinativo é marcado pelo exagero, pelo uso interminável de referências, citações e indicações. Toma-se o galho, perde-se a árvore. Benjamin Cardozo identificou na fala jurídica um sentido narrativo, classificando-o. É nesse aspecto que se pode falar em tentativa intelectual que marca a fixação de modo literário *no* direito. E além deste esforço classificatório há também uma poética na redação jurídica que marca Benjamin Cardozo.

Estilo, retórica, hermenêutica e imaginação criadora identificam suas decisões judiciais. É o que se constata no estudo de seus votos e sentenças mais famosos, a exemplo de *In re Swart'z Will, Killiam v. Metropolitan Life Insurance Company, Foreman v. Foreman, Hynes v. New York Central Railroad, Ostrowe v. Lee, Marchand v. Mead-Morrison Manufacturing Company*, entre outros (cf. WEISBERG, 1989, p. 283 e ss.).

Benjamin Cardozo viveu o papel de magistrado poeta e filósofo (cf. COLEMAN, 2000, p. 285 e ss.). Escrevia com graça; suas decisões qualificam monumentos de educação jurídica (cf. SHIENTAG, 1930, p. 597 e ss.); identificam força diretiva na ciência jurídica (cf. ZELERMEYER, 1989, p. 213 e ss.). Ao plasmar sentido literário nos textos jurídicos Benjamin Nathan Cardozo mostrou-se como um *pai fundador*, um *founding father*, da identificação tão profícua da literatura *no* direito.

A partir de Cardozo agora procuro exemplificar a busca da literatura *no* direito, com dois textos históricos, um deles normativo, um outro de decisão judicial e um terceiro de doutrina. Interesso-me, assim, e nos próximos passos, por questões de estilo, com os exemplos que seguem. E o fato dos textos serem históricos, pretéritos, permite que se identifique estilo afeto a uma determinada época.

Dou início a esses exemplos com a Carta Régia de 28 de janeiro de 1808, que determina a abertura dos portos brasileiros às nações amigas, e que é reflexo imediato da vinda da família real portuguesa para o Brasil, em virtude e como reflexo das invasões napoleônicas. O texto, reproduzido com a ortografia da época, é lacônico e sentencioso, dissimulado na revelação de seus verdadeiros motivos determinantes. Tem-se a impressão de que a medida fora resultado de longa meditação, bem como se tem a inexata idéia de que o melhor para o país teria estimulado a ação do governo de D. João VI:

"Carta Régia – de 28 de Janeiro 1808 – ABRE OS PORTOS DO BRAZIL AO COMMERCIO DIRECTO ESTRANGEIRO COM EXCEPÇÃO DOS GENEROS ESTANCADOS.

Conde da Ponte, do meu Conselho, Governador e Capitão General da Capitania da Bahia. Amigo. Eu o Principe Regente vos envio muito saudar, como aquelle que amo. Attendendo á representação, que fizestes subir á minha real presença sobre se achar interrompido e suspenso o commercio desta Capitania, com grave prejuizo dos meus vassallos e da minha Real Fazenda, em razão das criticas e publicas circumstancias da Europa; e querendo dar sobre este importante objecto alguma providencia prompta e capaz de melhorar o progresso de taes damnos: sou servido ordenar interina e provisoriamente, emquanto não consolido um systema geral que effectivamente regule semelhantes materias, o seguinte. Primo: Que sejam admissiveis nas Alfandegas do Brazil todos e quaesquer generos, fazendas e mercadorias transportados, ou em navios estrangeiros das Potencias, que se conservam em paz e harmonia com a minha Real Corôa, ou em navios dos meus vassallos, pagando por entrada vinte e quatro por cento; a saber: vinte de direitos grossos, e quatro do donativo já estabelecido, regulando-se a cobrança destes direitos pelas pautas, ou aforamentos, por que até o presente se regulão cada uma das ditas Alfandegas, ficando os vinhos, aguas ardentes e azeites doces, que se denominam molhados, pagando o dobro dos direitos, que até agora nellas satisfaziam. Secundo: Que não só os meus vassallos, mas tambem os sobreditos estrangeiros possão exportar para os Portos, que bem lhes parecer a beneficio do commercio e agricultura, que tanto desejo promover, todos e quaesquer generos e producções coloniaes, á excepção do Páo Brazil, ou outros notoriamente estancados, pagando por sahida os mesmos direitos já estabelecidos nas respectivas Capitanias, ficando entretanto como em suspenso e sem vigor, todas as leis, cartas regias ou outras ordens que até aqui prohibiam neste Estado do Brazil o reciproco commercio e navegação entre os meus vassallos e estrangeiros. O que tudo assim fareis executar com o zelo e actividade que de vós espero. Escripta na Bahia aos 28 de janeiro de 1808."

Sigo com excertos da sentença de Tiradentes, tomando a cautela de manutenção da ortografia então utilizada. Perceba-se os termos da acusação, rico em adjetivos, indicando modalidade refinada, artificial, na tipologia proposta por Benjamin Cardozo. Observe-se ainda, na parte final, o conteúdo da condenação, identificando-se modelo demonstrativo ou persuasivo, que não deixa dúvidas para o intérprete. Tem-se a impressão histórica de que Tiradentes realmente cometera os crimes que substancializaram a acusação:

"ACCORDÃO em Relação os da Alçada etc. Vistos este autos que em observância das ordens da dita senhora se fizeram summários aos vinte e nove Réus pronunciados conteudos na relação folhas 14 verso, devassas, perguntas apensos de defesa allegada pelo Procurador que lhe foi nomeado etc, Mostra-se que na Capitania de Minas alguns Vassallos da dita Senhora, animados do espírito de perfídia ambição, formaram um infame plano para se subtrahirem da sujeição, e obediência devida a mesma senhora; pretendendo desmembrar, e separar do Estado aquella Capitania, para formarem uma república independente, por meio de urna formal rebelião da qual se erigiram em chefes e cabeças seduzindo a uns para ajudarem, e concorrerem para aquella perfida acção, e communicando a outros os seus atrozes, e abomináveis intentos, em que todos guardavam maliciosamente o mais inviolável silêncio; para que a conjuração pudesse produzir effeito, que todos mostravam desejar, pelo segredo e cautela, com que se reservaram de que chegasse à notícia do Governador, e Ministros porque este era o meio de levarem avante aquelle horrendo attentado, urgido pela infidelidade e perfídia: Pelo que não só os chefes cabeças da Conjuração, e os ajudadores da rebelião, se constituíram Réus do crime de Lesa Magestade da primeira cabeça, mas também os sabedores, e consentidores della pelo seu silêncio; sendo tal a maldade e prevaricação destes Réus, que sem remorsos faltaram à mais incomendável obrigação de Vassallos e de Catholicos, e sem horror contrahiram a infâmia de traidores, sempre inherente, e anexa a tão enorme, e detestável delicto. Mostra-se que entre os chefes, e cabeças da Conjuração o primeiro que suscitou as idéias de república foi o Réu Joaquim José da Silva Xavier por alcunha o Tiradentes, Alferes que foi da Cavallaria paga da Capitania de Minas, o qual a muito tempo, que tinha concebido o abominável intento de conduzir os povos daquella Capitania a uma rebelião (...) ; Portanto condenam ao Réu Joaquim José da Silva Xavier por alcunha o Tiradentes Alferes que foi da tropa paga da Capitania de Minas a que com baraço e pregão seja conduzido pelas ruas publicas ao lugar da forca e nella morra morte natural para sempre, e que depois de morto lhe seja cortada a cabeça e levada a Villa Rica aonde em lugar mais publico della será pregada, em um poste alto até que o tempo a consuma, e o seu corpo será dividido em quatro quartos, e pregados em postes pelo caminho de Minas no sitio da Varginha e das Sebolas aonde o Réu teve as suas infames práticas e os mais nos sitios (*sic*) de maiores povoações até que o tempo também os consuma; declaram o Réu infame, e seus filhos e netos tendo-os, e os seus bens applicam para o Fisco e Câmara Real, e a casa em que vivia em Villa Rica será arrasada e salgada, para que nunca mais no chão se edifique e não sendo própria será avaliada e paga a seu dono pelos bens confiscados e no mesmo chão se levantará um padrão pelo qual se conserve em memória a infamia deste abominavel Réu (...)".

Exemplifico, por fim, com excerto de doutrina. Ainda com base em textos antigos, guardando-se suposta distância que eventual neutralidade exigiria, apresento passagem de Francisco Campos, jurista mineiro, que servira a Getúlio Vargas, durante a ditadura do Estado Novo (1937-1945). Apontado como o autor do texto constitucional autoritário e ditatorial de 1937, Francisco Campos plasma aquela constituição como *democrática*. Seu discurso qualifica-se como familiar, conversador, próximo, isto é, à luz de concepções de Benjamin Cardozo, aqui eventualmente aplicadas:

"A Constituição é de inspiração puramente democrática, presente em todos os seus capítulos, particularmente no que se refere à ordem econômica, à educação e cultura, às garantias e aos direitos individuais. O povo é a entidade constitucional suprema: tudo, na Constituição, se organiza e dispõe no sentido de assegurar-lhe a paz, o bem-estar e a participação em todos os bens da civilização e da cultura. Para isto, era necessário, certamente, no tocante ao conceito da liberdade individual, reintegra-lo na sistemática do Estado. Para o liberalismo, com efeito, a doutrina do Estado era uma doutrina do Estado sem Estado. Este tinha por fim exclusivo a proteção das pretensões ou, como se denominava esta, das liberdades individuais. Os valores da vida nacional, valores materiais e morais, não tinham carta de direitos. No Estado-Nação, a par dos direitos individuais, são reconhecidos os direitos da Nação ou do povo, que limitam os direitos ou as liberdades individuais, tomando o bem público como pressuposto obrigatório do Governo. Esta, a democracia substantiva, oposta à democracia formal; este, o ideal democrático, contraposto à máquina democrática. Certamente, a Constituição não podia deixar de abrir espaço à máquina democrática. Toda ação pressupõe instrumentos e meios, que, na Constituição de 10 de novembro, são mais adequados aos nossos costumes, às particularidades do nosso meio, às nossas tradições e à nossa experiência política. Se, apesar disto, o ideal democrático não se realizar entre nós em medida maior de que no passado, o mal não estará no regime, mas nos homens incumbidos de opera-lo. Estou certo, porem, de que ainda admitindo defeitos no seu funcionamento, as novas instituições democráticas do Brasil, mais do que as anteriores assegurarão garantias efetivas à realização do bem público. E a democracia, como qualquer forma de governo, só pode ser julgada pela soma de bem público que seja capaz de produzir. Não há outro teste ou meio de verificação da bondade ou da convivência de uma forma de governo. Os frutos dirão da árvore." (CAMPOS, 2001, p. 56 e ss.).

Textos jurídicos, sejam doutrinários, normativos ou forenses, expressam-se por meios literários e, nesse sentido, autorizam leitura centrada em problemas literários, como aqui tento insinuar. Com esses exemplos colhidos em textos jurídicos de tempos pretéritos acredito ter demonstrado eventual possibilidade de percepção de traços literários no direito, a exemplo da proposto original de Cardozo.

4. A Literatura como Possibilidade de Expressão do Direito

Cuido agora de modelo que sugere o uso da literatura como possibilidade de expressão do direito. Trata-se de sessão que sugere uso pedagógico da literatura, no que toca ao ensino jurídico. Exemplifico com Lon Fuller, autor norte-americano identificado com o realismo jurídico e conhecido pelos estudantes de direito no Brasil. Refiro-me à tradução que Plauto Faraco de Azevedo fez do ensaio *O Caso dos Exploradores de Cavernas– The Case of the Speluncean Explorers.* Trata-se de texto originariamente publicado na revista da faculdade de direito de Harvard, que Plauto Faraco verteu magistralmente para o português e que tem empolgado alunos de *Introdução ao Estudo do Direito*, especialmente porque o imaginário *case method* promove encontro entre juspositivismo, jusnaturalismo e realismo jurídico em circunstância tenebrosa que exige reflexão. É texto base de direito e literatura, no sentido em que vincula ficção e normatividade. Lança sementes para campo pouquíssimo explorado, e que o presente ensaio pretende resgatar, na tentativa de sistematizar as possibilidades da aproximação entre direito e literatura.

O texto de Fuller enfrenta questão posta pelo modelo de educação jurídica nos Estados Unidos. É que o *case method*, o método socrático, tal como concebido em Harvard por Cristopher Columbus Langdell (cf. STEVENS, 1987, p. 35 e ss.), exige caso concreto, a partir do qual serão extraídas regras de direito. Professores de disciplinas metajurídicas, a exemplo de *jurisprudence,* que no modelo norte-americano equivale à nossa filosofia do direito, careceriam de um enredo. E Fuller pretendia resolver o problema, a partir da concepção de um problema, isto é, de um *case* a ser explorado em sala de aula.

Em caso localizado no ano de 4300, do qual nos separamos do mesmo modo como nos distanciamos da Grécia Clássica, Fuller nos colocou em face da universalidade dos problemas da justiça. O enredo é simples. Cinco membros de uma sociedade espeleológica exploravam uma caverna quando alguns deslizamentos de terra vedaram a saída. Não havia como deixarem o local. As autoridades foram comunicadas. Novos deslizamentos ocorreram. Esgotaram-se recursos da sociedade espeleológica, de subvenções públicas e legislativas. Dez operários morreram na tentativa de resgatar os exploradores.

Pelo rádio os exploradores foram informados que o resgate ainda demoraria cerca de 10 dias. Isto é, se não se verificassem mais deslizamentos e se tudo corresse bem. Não havia mais alimentos. Roger Whetmore, um dos exploradores, sugeriu que se fizesse um sorteio. O perdedor seria devorado pelos demais. O remédio inusitado poderia salvar a vida de parte do grupo. Médicos, autoridades e sacerdotes não se manifestaram quanto à consulta colocada por Whetmore, feita pelo rádio, um pouco antes que o aparelho deixasse de funcionar, por falta de pilhas.

Whetmore teria se arrependido da proposta. No entanto, não se opôs a que a sorte fosse tirada, e a que um dos outros membros do grupo em seu nome lançasse seus dados. Whetmore foi o perdedor. Sua carne salvou a vida dos outros exploradores. Depois de resgatados e conduzidos para um hospital, onde se recuperaram física e psicologicamente, foram indiciados por homicídio e em seguida condenados em primeira instância. Um conselho de jurados optou pela culpabilidade e o juiz fixou a pena de morte por enforcamento. O referido conselho de jurados protocolou petição ao chefe do poder executivo, rogando comutação da pena. Pediu-se abrandamento, seis meses de prisão seriam suficientes. O juiz que condenou recorreu do próprio ato, também para o chefe do executivo, que tinha competência para rever a decisão, na forma como foi outorgada.

Concomitantemente, os quatro condenados recorreram da decisão de primeira instância para a Suprema Corte de Newgarth, local imaginário que abrigou os interessantes fatos normativos que o texto narra. Truepenny, juiz presidente da alta corte, manteve a decisão originária, na crença de que o executivo atenderia o pedido de clemência. Entendeu que a decisão *a quo* era sábia e que havia se julgado da melhor maneira possível.

O primeiro a votar, juiz Foster, parece ser um jusnaturalista extremado. Criticou o presidente do tribunal e afirmou que o que se julgava não era o caso em si, porém, o que estava em jogo era um juízo de valor que se fazia das leis do Estado. Foster parece acreditar que se o tribunal condenasse aos exploradores seria condenado pelo senso comum da comunidade. Foster via inocência nos réus. Não haveria possibilidade de aplicação de um direito positivo estrito, porque a situação aflitiva da caverna não reproduzia as condições necessárias para a utilização de regras positivadas. Além do que, é o território que qualificaria a incidência de uma determinada jurisdição, *locus regit actum*. Não havia ordem moral ou territorial para que o direito positivo fosse então aplicado. É que a decisão fora tomada pelos exploradores em momento em que se encontravam muito distantes da ordem jurídica que agora se lhes pretendia aplicar. O fato de que estavam debaixo da terra indicava impossibilidade de comunicação normativa.

Segundo Foster, a lei não poderia ser aplicada aos espeleólogos, naquela circunstância. Além do que, se a sociedade reputava que fora justo a perda de 10 homens que tentaram salvar cinco exploradores, por que não seria também justo que se perdesse um homem para que se salvasse a vida dos demais quatro espeleólogos? O direito, segundo Foster, exigiria exegese racional. A legítima defesa era consagrada pela jurisprudência daquela corte e no caso era recurso analógico plausível. Foster inocentou os exploradores.

Tatting em seguida tomou a palavra e criticou Foster. Opôs-se ao direito natural. Segundo Tatting, os criminosos teriam agido intencionalmente, e o fizeram após muita discussão. Tatting afirmou que se houvesse dispositivo legal específico relativo ao canibalismo, a questão seria diferente e então ele poderia condenar os réus. Tatting absteve-se de votar, invocando que não havia precedentes. Pronunciou o *non liquet*.

Em seguida votou o juiz Keen. Positivista até os ossos, Keen condenou os réus, mantendo a decisão da corte de primeira instância. Consignou que os exploradores já haviam sofrido demais e que deveriam ser perdoados. Porém, a assertiva representava uma opinião pessoal e Keen insistia que deveria julgar de acordo com a lei. Não queria discutir o que era justo, injusto, bom ou mau. Deveria, no teor de seu voto, segundo a imaginação de Fuller, definir a correta aplicação do texto legal, que previa pena de morte para a prática de homicídio. Ao insistir que ao judiciário cabia tão-somente a fiel aplicação da lei escrita, Keen implementou juízo de subsunção e votou pela manutenção da sentença originária, condenando os réus.

Handy Jr. proferiu o último voto, inocentando os demandados e reformando a decisão de primeira instância. Parece ser o representante do realismo jurídico. Apelou para sabedoria prática que deveria ser aplicada à realidade humana. Insistiu que o judiciário não poderia perder o contato com o homem comum. Lembrou que a função do formalismo é instrumental. Ponderou que a opinião pública queria a liberdade dos réus. Argumentou que a opinião pública deveria ser levada em consideração. Objetivava a aplicação do senso comum. Com o empate, duas condenações (juízes Keen e Truepenny) e duas absolvições (Foster e Handy Jr.) e uma abstenção (Tatting), o juiz presidente incitou Tatting a se manifestar e, se fosse o caso, a mudar de opinião. Friamente, Tatting manteve sua posição e a sentença de primeira instância foi confirmada: os réus seriam enforcados.

A instigante prosa literária de Fuller problematiza questão central na filosofia do direito. Opõe positivismo e jusnaturalismo, realismo jurídico e conservadorismo, este último modelo marcado pelo voto de Tatting, que protagonizou enervante retórica da indecisão, decidindo sob disfarce de falta de decisão. A questão da relação entre moral e direito é nuclear no pensamento de Fuller, que verticalizou o problema em livro conhecido, *A Moralidade da Lei – The Morality of Law*. O texto acendeu polêmica com H.L.A. Hart, expoente do positivismo da tradição anglo-saxônica.

Fuller tinha como base a idéia de que não haveria necessidade do direito em uma sociedade de anjos (*in a society of angels there would be no need for law*) (1979, p. 55). Percebia dois modelos de moralidade jurídica, uma interna e outra externa, cujo conflito sugeria a utilização de juízo pragmático ou de cálculo econômico. A utilização de normas seria circunstância prenhe de obviedade, seria primeiro objetivo de determinado sistema. Comandos abstratos colocam problemas que Fuller imputa à questão da eficácia das normas, e nesse sentido Fuller contraria Austin, para quem todo ato governamental seria dotado de legitimidade normativa. A clareza da norma, para Fuller, seria ingrediente fundamental indicativo de legalidade.

Fuller retomou tema analítico e discursou sobre antinomias, apontando para a dificuldade fática de se encontrar contradição efetiva. Fuller chamou a atenção para leis que comandam o impossível, o que reputava como circunstância absurda, típica de legislador insano ou de ditador mefistofélico. No entanto, o modelo jurídico norte-americano poderia substancializar tal hipótese, o que Fuller condenou mediante figura metafórica de um ilimitado poder de se produzir norma legal sem legalidade. A moralidade interna da lei, para Fuller, deveria evitar contradições e normas de impossibilidade fática, bem como deveria contar com a constância da lei ao longo do tempo, o que seria indicativo de estabilidade.

Esta moralidade interna do Direito exigiria também perfeita congruência e convergência entre a determinação legal e a ação governamental. A moralidade interna da lei, para Fuller, seria menos uma moral de obrigação e mais uma moral de aspiração. Fuller ilustrou esta idéia com interessante passagem de sabor histórico, que retirou dos anais do direito inglês. É a narrativa que novamente ganha contornos de muita elegância. Fuller é um mestre na escrita do direito. Usa a história (ou a tradição historiográfica) de modo muito simples e eficaz. Sigo com o relato, e adianto que Fuller não se mostra prisioneiro de historicismo enervante que aproxima história e imaginação figurativa (cf. WHITE, 2001, p. 117).

Henrique VIII teria outorgado à Faculdade Real de Medicina de Londres o poder de licenciar e de regulamentar a prática de medicina na capital da Inglaterra. O Parlamento inglês havia confirmado a permissão. A faculdade poderia julgar casos de prática médica sem licença, aplicar multas e penas de prisão. O resultado financeiro das multas seria dividido entre o rei e a faculdade. Thomas Bonham, formado em medicina pela Universidade de Cambridge, passou a clinicar em Londres sem a requerida autorização da Faculdade Real de Medicina. Foi preso, julgado e multado por esta faculdade. Protocolou ação invocando que a faculdade não tinha competência para julgá-lo e prendê-lo (cf. FULLER, 1979, p. 99).

Bonham ganhou a causa, pois se decidiu que, não obstante a autorização do rei e do parlamento, não havia como a faculdade exercer todos os papéis ao mesmo tempo, de magistrado e de acusador, de parte e de interessado. Trata-se de modo indireto de controle de constitucionalidade, sem que apelemos para uma leitura do direito antigo com os olhos contemporâneos, isto sim, historicismo de mau gosto. A incongruência entre a ação governamental e os objetivos que devem dar os contornos das normas jurídicas ficou demonstrada, evidenciando-se a inexistência de uma moralidade interna do conteúdo normativo que se discutia. O realismo jurídico em Lon Fuller é marcado pela busca de uma necessária relação entre moralidade e normatividade.

Fuller desenhou o conceito de moralidade interna da lei, como conector desta com a moral social e com a realidade complexa que dá condições à experiência do direito. E desenvolveu todas essas teses também em meio literário absolutamente encantador, firmando-se desse modo como precursor da literatura como possibilidade de expressão do direito.

5. Direito, Literatura, Narrativa e Possibilidades Retóricas

O movimento *direito e literatura* também suscita olhares intrigantes sobre a discursividade normativa. Cuido agora de aproximações entre temas de narrativa e de possibilidades retóricas, com base em Paul Gewirtz, professor de Direito na Universidade de Yale, em New Haven, nos Estados Unidos, que fora assessor de Thurgood Marshall na Suprema Corte (1971-1972), e que colaborou ativamente com a administração Bill Clinton. Gerwitz propõe que se contemple o direito como manifestação de trocas lingüísticas, episódios narrativos e artifícios retóricos.

O direito seria também performance, explicação, fragmento de estória, ou mesmo toda uma história. O mistério que envolve o tribunal do júri, e a atuação de advogados, promotores, testemunhas e peritos pode bem ilustrar a assertiva. Essa narratividade que se encontra implícita na lei e nos problemas do direito, especialmente quando tomadas em sua dimensão cotidiana, expressivamente dolorida e fática, provoca interesse e curiosidade. Parece que todo mundo sabe ou intuiu muita coisa de direito; opina-se sobre qualquer questão jurídica.

Observa-se simpatia mediática para com temas jurídicos, *voyeurismo* legalista que emula espectadores putativos de cortes judiciais imaginárias (cf. GEWIRTZ, 1996). A premissa é comprovada nos Estados Unidos da América, país que vê a multiplicação de programas de televisão que reproduzem salas de justiça. Encena-se o teatro do direito. O jurídico torna-se espetáculo. Tais programas, que têm juízes imaginários (ou reais) como árbitros histriônicos, conquistam audiências, dividem opiniões, provocam as reações mais inusitadas. O Direito transforma-se em *novela de televisão* ou em *programa de auditório*, isto é, *law as soap opera and game show* (cf. PORSDAM, 1999, p. 89 e ss.). *The People's Court* programa televisivo norte-americano que é transmitido desde 1981, alavanca sucesso imediato, seguido por outros programas, a exemplo de *Divorce Court, L.A. Law, Judge Judy, Night Court* .

O direito é religião secular nacional norte-americana, como já observado no início do trabalho, fato que havia sido captado por Aléxis de Tocqueville, embora em outros tempos, sob outras circunstâncias, e com propósitos efetivamente muito distintos. Tocqueville, o célebre juiz e viajante francês, observou que *"o mais difícil para um estrangeiro compreender nos Estados Unidos é a organização judiciária. Não há, por assim dizer, acontecimento político em que não ouça invocar a autoridade do juiz; e daí conclui naturalmente que nos Estados Unidos o juiz é uma das primeiras forças políticas"* (2005, p. 111). Essa fixação norte-americana com problemas jurídicos é também o que pode justificar o interesse que mantém os livros de John Grisham e de Scott Turow na lista dos mais vendidos, dos mais discutidos e dos mais adaptados para versões cinematográficas.

Gewirtz observa que narrativa e retórica invadem o nicho do direito; da invasão transforma-se o invadido na feição e imagem do invasor: narrativa e retórica tornam-se o próprio direito. Não se trata de retomada da tradição sofística, e do questionamento da objetividade e da verdade, como fios condutores de argumentação centrada no floreio e na beleza intrínseca, modos de pensar divorciados da realidade, da ética e da eficácia, e que galvanizaram toda a crítica metafísico-platônico-aristotélica que abominou relatividade de Protágoras e de Górgias.

A intuição de Gewirtz não é novidade para quem percebe no direito referencial de usos da linguagem e de problemas e técnicas na produção oral e escrita. Mas é iconoclasta para o leitor ingênuo, que ainda acredita em metáforas de neutralidade e em dragões chineses de objetividade. Porém é para esse leitor inocente, no entanto, que o direito também se destina; e a confiança que aquele primeiro deposita neste último tem como fonte um conjunto de crenças, que não são necessariamente individuais e idiossincráticas; são convencionais, e de aceitação comum (cf.

FISH, 2003, p. 321), nesse sentido de que *"(...) o Direito é sempre uma força autorizada, uma força que se justifica ou que tem aplicação justificada (...)"* (DERRIDA, 2007, p. 7).

Volto para Gewirtz, para quem o exame do direito enquanto excerto de narrativa e produto da retórica poderia engendrar significados diferentes e insuspeitos. Cogita-se da relação entre narrativas e a teoria e a argumentação jurídicas. Analisa-se como juízes, advogados e promotores constroem as mais variadas estórias.

O direito afastar-se-ia da busca kantiana da verdade, tomado à luz da subjetividade e da relatividade. E de modo analógico, a lembrança do existencialismo francês, a propósito de que *"escrever é, pois, ao mesmo tempo desvendar o mundo e propô-lo como uma tarefa à generosidade do leitor"* (SARTRE, 2006, p. 49). E na medida em que revelado pela escrita o direito, assimilado ao ato de escrever, suscita também revelação do mundo, cujo conteúdo é enviado ao destinatário, plasmado na miríade de atores jurídicos que há.

O direito cairia refém da relatividade da narrativa. Convincente. Tanto melhor. Inadequada. Fazer o quê? Como recontá-la? Vale qualquer recurso. E como remendá-la? São os embargos de declaração, na existência de previsão legal, que também não é universal, o que retoma a indelicada questão da negação da cientificidade do direito. Verifica-se como estórias são problemáticas em julgamentos. Fatos e versões fundem-se na narrativa de quem afirma e se diluem na fala de quem contesta. Decisões judiciais são prenhes de retórica, para Paul Gewirtz, de modo que a autoridade do julgamento não é definida tão-somente pela autoridade do julgador. Ele precisa convencer.

Gewirtz propõe que se preste mais atenção nos fatos do que nas regras que capturam os fatos. Sugere que olhemos menos para a substância, e mais para a forma. E a receita não acena necessariamente com gongorismo jurídico ou barroquismo burocrático. Na narrativa jurídica a forma dá essência à coisa, e a sugestão é de linhagem garantida: radica na tradição discursiva do direito romano.

Gewirtz insiste que devamos nos preocupar menos com as idéias e mais com o modo como estas últimas são comunicadas.

Propõe retorno à análise das formas. Questiona como o direito é encontrado, mas também quer entender como é feito. Propõe leitura do direito como artefato cultural, em tradição da antropologia relativista que remonta a Franz Boas, para quem determinada sociedade não seria eventualmente melhor ou pior do que outra; são indiferentes, justamente porque são diferentes. E porque o direito é artefato cultural, em sua forma também escrita, seria examinado adequadamente a partir de ferramentas da teoria literária, a exemplo do sempre recorrente conceito de *leitor ideal*.

Embora, bem entendido, Gewirtz reconheça que direito e literatura não sejam exatamente iguais, enquanto campos do saber, especialmente porque há diferenças entre sentidos estéticos e pragmáticos. Se por um lado o direito presta-se para coagir, a literatura, reconheça-se, não o faz. Pelo menos em princípio.

Não se pode dizer que todo leitor de *A Cabana do País Tomás* transformou-se em abolicionista convicto, na medida em que ordenado por Harriet Beecher-Stowe para que cerrasse filas ao lado dos *boys in blue* de Abraham Lincoln. No entanto, reconheça-se também, a literatura é veículo para a revolução, exemplifico com uma carta de Antonio Gramsci sobre o futurismo italiano, tal como reproduzida em excerto de Leon Trotsky, a propósito da relação entre luta revolucionária e prática literária (cf. TROTSKY, 2007, p. 107 e ss.).

Convergem as duas grandezas, direito e literatura, no entanto, quando se percebe que essas duas realidades culturais expressam-se por meio de realidade que moldam, mesmo quando se transita em âmbito de ficção. A questão mais importante radicaria na constatação de que textos jurídicos também demandam interpretações.

Gewirtz indaga a respeito de papéis desempenhados por autores e leitores, na criação do sentido dos textos. Indiretamente, retoma-se à imagem de *obra aberta*, identificada por Umberto Eco, a propósito de concepção de um *"centro ativo de uma rede de relações inesgotáveis"* (ECO, 1968, p. 41) ou mesmo assenta-se na compreensão de *comunidades interpretativas*, organizadas em torno de grupos vinculados a determinados nichos de exegese.

Gewirtz insiste que direito e literatura também se aproximam na medida em que se possa promover o comprometimento em se agrupar pessoas originárias de campos diferentes de estudo, na busca de objetivos comuns. A argumentação é traço ordinário nos textos jurídicos e literários, e até nos textos normativos; é que esses últimos contam com argumento auxiliar, e por vezes eficiente, identificado pela sanção. Juízes, advogados, promotores, professores argumentam o tempo todo. A técnica do convencimento é objeto de discussão, do mesmo modo que é a essência do que se diz e se faz. E o que faço aqui é exemplo de esforço argumentativo. Metanarrativa, a linguagem que fala dela mesma.

Gewirtz pretende aproximar direito e literatura de modo que esta última possa alavancar aquele primeiro. Insiste, e reconhece, efetivamente, que *direito não é literatura*. Segue, nesse aspecto, advertência de Wendy Nicole Duong, professora de direito em Denver, para quem *law is law and art is art* – isto é, o *Direito é o Direito e arte é arte* (cf. DUONG, 2005, p. 1). No entanto, há multiplicação de estórias no discurso jurídico. Há profusão de narrativas. E não há privilégio da narrativa ficcional em desfavor das demais narrativas, como sugere a teoria narrativista em José Calvo, professor espanhol cujo trabalho mais à frente, que evidencia direito marcado por poder simbólico prenhe de conotações e denotações (cf. CALVO, 2002. p. 41).

Estórias estão em competição permanente quando apresentadas em juízo. Julgar, nesse sentido, seria optar por uma das estórias, ou versões, ou por fragmentos e excertos, criando-se uma estória nova, que por sua vez será desafiada por novas versões. Trata-se de *corrente interpretativa*, na imagem de Ronald Dworkin, para quem a prática jurídica é exercício de interpretação, que não se limita à compreensão de documentos particulares ou de textos normativos (cf. DWORKIN, 1985).

Como será visto mais à frente também, Dworkin apresenta idéia convergente a Gewirtz, na medida em que propõe que se possa melhorar a compreensão do direito mediante a comparação entre a interpretação jurídica e a interpretação que se faz em outros campos do conhecimento, a exemplo da literatura, em particular.

A relação entre direito e literatura é problemática, o debate parece interminável. Admite-se, em princípio, esvaziamento do direito, na medida em que se multiplica o uso da conjunção *e*, a exemplo de *direito e economia, direito e ciências sociais, direito e filosofia* (cf. ARISTODEMOU, 1993, p. 158). A conjunção "e" poderia indicar, em tese, esgotamento do discurso jurídico tradicional, presentemente em vias de exaurir-se pela própria seiva, circunstância que se denomina topicamente de *crise do direito*. Há também aspectos de semiótica que emergem, dado que não faz sentido a discussão do discurso político contemporâneo sem que se reconheça o poder da escrita normativa, dentro de determinado contexto lingüístico (cf. LEVINSON, 1981, p. 374).

Há quem sugira complemento, no sentido de que a literatura ensejaria compreensão relativa à atividade de atores jurídicos, especialmente quando se tratar de ficção escrita por advogados (cf. DOMNARSKY, 2003, p. 111). Mas aí nos afastamos da literatura no direito, buscando-se este último naquela primeira. No palco do judiciário, cada um dos contendores apresenta a sua versão, temperada com provas, testemunhas e adereços de retórica. Gewirtz observa que estórias são apresentadas em modelo de perguntas e respostas. Especialmente, leva-se em conta a audiência, isto é, a quem incumbirá a escolha da melhor das estórias, ou a mais convincente, ou a mais justa, ou a mais eficaz, do ponto de vista econômico.

E a questão, mais uma vez, é remetida à retórica clássica, especialmente porque retoma também o papel e a importância do orador, e seu comando a respeito das *proposições que se refiram às coisas possíveis e impossíveis* (cf. ARISTÓTELES, 2007, p. 31). Cuida-se do vínculo complicadíssimo entre o orador e auditório. É por isso que se indaga a respeito da credibilidade do contador da estória, do narrador e, no caso, do advogado, ou de qualquer outro ator jurídico. Gewirtz aponta para questão não menos clássica, relativa à articulação adequada de emoções e imagens. Alcança-se, também, problema deontológico.

Qual o compromisso do advogado com a verdade? Assertivas devem ser omitidas quando eventualmente falsas? E se a utilização de dados não verdadeiros contribui para o sucesso de uma estória, isto é, quando beneficia o cliente? E quanto ao magistrado, há também o dever de vínculo recorrente com a verdade, em prejuízo – eventual – para o desate do procedimento? Todo o direito das provas presta-se para regular como as estórias devem ser apresentadas. Reaproxima-se do problema da verdade, a qual, especialmente no processo penal, *"(...) real ou material, antes de ser um dogma, é um mito"* (ARAÚJO, 2006, p. 155). E o que justifica a busca inconseqüente da verdade?

A Corte Européia de Direitos Humanos julgou recentemente o caso *Jalloh v. Alemanha*, no qual se pronunciou a respeito da obtenção de provas por meios ilícitos. Analogicamente, a proibição de se usar prova obtida pela utilização de emético, para que o indiciado vomitasse a droga que se suspeitava estivesse com ele, sugere a impossibilidade ontológica da utilização de inverdades, na busca de verdades formais.

Trata-se do caso de um emigrante de Serra Loa que fora preso na Alemanha, acusado da venda de drogas. Com a chegada da polícia, engoliu um dos saquinhos que carregava. Levado a um hospital, lhe aplicaram remédios eméticos, provocadores do vômito, contra sua vontade, evidentemente. Após ter vomitado, o conteúdo fora apreendido pelas autoridades. Tinha-se prova obtida por coerção. O imigrante levou a questão à Corte Européia de Direitos Humanos, invocando Direito de petição que qualifica um *status activus* (cf. FERNANDES, 2004, p. 156), obtendo decisão a seu favor, indicativa de que a prova fora ilicitamente produzida.

Gewirtz lembra-nos os limites decorrentes da admissão de confissões, enquanto narrativas, quanto ao problema de se monitorar e restringir a liberdade de quem confessa. Pode-se confessar uma falsidade, com objetivos claros. Por isso, parece, nem sempre a confissão seria a rainha das provas, especialmente se tomada em seu sentido narrativo. A veracidade da confissão não decorre, exclusivamente, do fato de que se confessa. Reporto-me, por exemplo, ao sistema de confissões seguido pelo modelo inquisitorial que campeou na Península Ibérica, em instâncias que percebiam na confissão uma necessidade concreta de aferição da verdade.

Buscas policiais, e seus resultados, também engendram narrativas. É o exemplo de inesquecível conto de Edgar Allan Poe, referente à busca de uma carta, não encontrada pela polícia, justamente porque colocada onde a polícia jamais procuraria, em local visível e de fácil acesso. Acareações também possibilitam momento riquíssimo de efeitos narrativos; as estórias se confrontam, e elementos psicológicos que procuram identificar leitura do corpo e das reações serviriam de parâmetros para identificação da versão mais plausível. Em tese. Problematizou-se que a verdade tem sido produzida de modo distinto, em âmbito específico de *materialidade da linguagem,* o que mais uma vez conduz o intérprete a tema da sofística (cf. FOUCAULT, 1996, p. 158).

Intrigante passagem de Franz Kafka, *Diante da Lei,* ilustra bem a questão, acenando com quadro narrativo aporético, a respeito da natureza da justiça:

> "Diante da lei há um guarda. Um camponês apresenta-se diante deste guarda, e solicita que lhe permita entrar na Lei. Mas o guarda responde que por enquanto não pode deixá-lo entrar. O homem reflete, e pergunta se mais tarde o deixarão entrar. – É possível – disse o porteiro –, mas não agora. A porta que dá para a Lei esta aberta, como de costume; quando o guarda se põe de lado, o homem inclina-se para espiar. O guarda vê isso, ri-se e lhe diz: – Se tão grande é teu desejo, experimenta entrar apesar da minha proibição. Mas lembra-te de que sou poderoso. E sou somente o último dos guardas, cada qual mais poderosos do que o outro. Já o terceiro guarda é tão terrível que não posso suportar seu aspecto. O camponês não havia previsto essas dificuldades; a Lei deveria ser sempre acessível para todos, pensa ele, mas ao observar o guarda, com seu abrigo de peles, seu nariz grande e como de águia, sua barba longa de tártaro, rala e negra, resolve que mais lhe convém esperar. O guarda dá-lhe um banquinho, e permite-lhe sentar-se a um lado da porta. Ali espera dias e anos. Tenta infinitas vezes entrar, e cansa ao guarda com suas súplicas. Com freqüência o guarda mantém com ele breves palestras, faz-lhe perguntas sobre seu país, e sobre muitas outras coisas; mas são perguntas indiferentes, como as dos grandes senhores, e para terminar, sempre lhe repete que ainda não pode deixá-lo entrar. O homem, que se abasteceu de muitas coisas para a viagem, sacrifica tudo, por mais valioso que seja, para subornar ao guarda. Este aceita tudo, com efeito, mas lê

diz: – Aceito-o para que não julgues que tenhas omitido algum esforço. Durante esses longos anos, o homem observa quase continuamente ao guarda: esquece-se dos outros, e parece-lhe que este é o único obstáculo que o separa da Lei. Maldiz sua má sorte, durante os primeiros anos temerariamente e em voz alta; mais tarde, à medida que envelhece, apenas murmura para si. Retorna à infância, e como em sua longa contemplação do guarda, chegou a conhecer até as pulgas de seu abrigo de pele, também suplica as pulgas que o ajudem e convençam ao guarda. Finalmente, sua vista enfraquece-se, e já não sabe se realmente há menos luz, ou se apenas o enganam seus olhos. Mas em meio da obscuridade distingue um resplendor, que surge inextingüível da porta da Lei. Já lhe resta pouco tempo de vida. Antes de morrer, todas as experiências desses longos anos se confundem em sua mente em uma só pergunta, que até agora não formou. Faz sinal ao guarda para que se aproxime, já que o rigor da morte endurece seu corpo. O guarda vê-se obrigado a baixar-se muito para falar com ele, porque a disparidade de estaturas entre ambos aumentou bastante como o tempo, para detrimento do camponês. – Que queres saber agora? – pergunta o guarda –. És insaciável. – Todos se esforçam por chegar a Lei – diz o homem –; como é possível então que durante tantos anos ninguém mais do que eu pretendesse entrar? O guarda compreende que o homem está para morrer, e para que seus desfalecentes sentidos percebam suas palavras, diz-lhe junto ao ouvido com voz atroadora: – Ninguém podia pretender isso, porque esta entrada era somente para ti. Agora vou fechá-la". (KAFKA, 2005).

No direito norte-americano, ambiente no qual Paul Gewirtz desenvolve seus estudos, especialmente, do ponto de vista narrativo, a decisão judicial é epicêntrica, enquanto confluência de estórias, na formação da história; densifica-se o modo como a decisão foi alcançada. Explicativas e justificativas fazem parte da nova estória apresentada, plasmada pelo sentido de veracidade, outorgada pela decisão. Segundo Gewirtz, decisões judiciais exercem três funções. Do modo como definido pelo realismo jurídico, decisões judiciais, especialmente de tribunais superiores, acenam para demais juízes, advogados e público em geral, identificando o que o direito seja, na vida real. É questão weberiana, referente à autoridade do julgado, vinculada à dominação legítima, típica de *Estado Racional* (cf. WEBER, 1999, p. 517 e ss.).

Num segundo plano, decisões judiciais disciplinam o processo decisional por meio de prestação pública de contas, relativas à própria decisão. De tal modo, seria instrumento de controle do erro, ou do máximo de erro permitido, bem como da corrupção, ou do mínimo de corrupção socialmente aceita, isto é, se a sociedade aceita alguma forma de peita, com o que não se concorda. Em terceiro lugar, decisões judiciais se prestam para persuadir a audiência de que o tribunal fez a coisa certa. No que toca à concepção narrativa da decisão jurídica, sua função é justificativa. Ela não se resolve e se justifica por seus próprios fundamentos. A decisão precisa ser fundamentada. A fundamentação é o cerne de sua narratividade. É da adequação da narrativa que emerge a autoridade do julgado.

A boa decisão, do ponto de vista meramente retórico, é aquela que convence. Embora, mais tarde, reconheça-se, o conteúdo decisório possa provocar a mofa, o desprezo e o ridículo. É o caso de decisões emblemáticas da Suprema Corte Norte-Americana, a exemplo do definido nos casos *Dred Scott, Plessy v. Ferguson* e *Lochner v. Nova Iorque*. Naquele primeiro caso, *Scott v. Sandford*, 60 U.S., 393 – 1857, determinou-se que o escravo não poderia provocar prestação jurisdicional. No sendo deles, *Plessy V. Ferguson*, 163 U.S., 537-1986, pontificou a doutrina do *"separados mas iguais"*.

No último deles, *Lochner v. Nova Iorque,* 198 U.S., 45- 1905, garantiu-se o liberalismo econômico, prescrevendo-se a impossibilidade da administração regulamentar horas de trabalho. Todas essas decisões não vigem mais. Não qualificam precedentes. São estórias que fazem história, mas que não interpretam a realidade do mundo no qual vivemos. Sua historicidade dissolveu-se na imprestabilidade presente de aplicação. Ainda bem.

Gewirtz aponta certa ambivalência dos juízes, como elemento que caracteriza a ansiedade que se encontra em qualquer decisão judicial, o que sugere obscuridade, incerteza e apreensão em relação aos limites e alcance da própria autoridade. O que dá os contornos de validade a uma decisão, ainda no sentido narrativo, é a legitimidade de sua autoridade, o que se alcança e se determina a partir da linha argumentativa utilizada.

Gewirtz observa que a autoridade de uma decisão também depende da habilidade que esta tenha de gerar acordo prospectivo. A parte perdedora deve-se conformar com o decidido, de modo que o sistema permaneça confiável. A confiabilidade decorre também do nível de plausibilidade do conteúdo decisório, dado que *"(...) a persuasão é um tipo de demonstração, pois somos mais persuadidos quando consideramos a demonstração de uma determinada coisa"*, disse o Estagirita (ARISTÓTELES, cit., p. 21).

Decisões colegiadas ganham sentido especial quando também propiciam decisões concorrentes e divergentes. A linha narrativa ganha empolgação, colorido, a estória se completa e se desdobra em uma série de estórias, que compõem uma nova estória. É esta que conta, isto é, que vale. Múltiplas opiniões qualificam debate que marca a formação de um texto. Gewirtz aponta uma outra questão, delicadíssima, relativa à identificação da verdadeira autoria das decisões judiciais. É o caso do *law clerck*, figura do Direito norte-americano que lembra nosso estagiário, ou o assessor de juiz ou de ministro, ou o analista judiciário.

Não há como o magistrado redigir *todas* as decisões. A sentença, então, poderia, segundo Gewirtz, e nesse sentido, bem entendido, substancializar vários textos. Gewirtz está preocupado com a legitimidade da decisão judicial, no que se refere a sua concepção narrativa. A questão transcende, de modo que o *ghost-writer* poderia, nessa lógica, dissolver o nome de quem assina o texto, ou no sentido contrário. O problema será mais à frente identificado na leitura de Richard Posner.

Gewirtz também observa que o movimento *direito e literatura* conta com aceitação e empolgação do mesmo modo como a contemporaneidade tem prestigiado a crítica literária, em linhagem que remonta a Longino e a Aristóteles, e que presentemente transita entre formalistas russos, filólogos alemães, críticos da consciência, críticos do imaginário, críticos de fundamentação psicanalítica, sociólogos da literatura, lingüistas, semióticos, adeptos da análise poética da prosa, da crítica genética, entre tantos outros (cf. TADIÉ, 1992).

Assume-se que embora não sendo literatura, em sentido estrito, o direito possa propiciar abordagem literária, nos sentidos ontológico e crítico. Trocas lingüísticas aproximam-se de objetivos comuns, que captam a ambivalência do judiciário e as estratégias da argumentação dos advogados, duvidando-se, ainda mais uma vez, do sentido metafísico que o ocidente teima em outorgar à concepção de justiça, medida do poder de cada um, em visão absolutamente antagônica ao jusnaturalismo bem-comportado. Esse criticismo bem se afina com Nietzsche, em hermenêutica de suspeição que remonta à tradição sofística.

6. Direito, Literatura e Hermenêutica

Os vínculos entre direito, literatura e hermenêutica foram explorados especialmente por Ronald Dworkin, James Boyd White e por José Calvo Gonzalez, que são os autores de que trato agora. Começo com Dworkin.

Aproximando direito e literatura, Ronald Dworkin justifica que prática jurídica é exercício de interpretação. Não o seria, no entanto, apenas quando se interpretam leis e contratos. Afirma que o direito tem função absolutamente política (cf. DWORKIN, 1985, p. 146). Embora, como será visto, Dworkin não vincule direito e política do modo como articulado pelo grupo do *Critical Legal Studies*. Para esta última corrente, que vicejou na academia norte-americana ao longo da década de 1980, o direito é política, no sentido de *Law is Politics;* era este o mote e a bandeira de luta.

Juízes, advogados e promotores não conseguem evitar a influência da política em suas atividades. Insiste Dworkin, por outro lado, que a política de que trata, e à qual se reporta, não é matéria de sectarismo, no sentido de opção partidária. Adianta que quem não percebe a diferença compreenderá a questão de modo ralo e superficial. Isto é, a política que informa o direito não consistiria em permanente embate partidário, a exemplo da competição entre republicanos e democratas nos Estados Unidos da América.

A experiência norte-americana evidencia partidarismo que dá contornos a posições liberais e conservadoras, a exemplo do conflito entre *hawks* (gaviões) e *doves* (pombas) em matéria penal; estes últimos pretendem um direito penal mais humanitário, e são identificados com posições do Partido Democrata; aqueles outros pretendem uma legislação criminal de tolerância mínima, e fazem fila com o Partido Republicano. No entanto o tom político que Dworkin empresta ao direito tem outro sentido, qualifica decisão, opção, e conseqüentemente é resultado de mecanismos de interpretação.

Dworkin propõe que se possa melhorar a compreensão do direito mediante instrumentos que possibilitem comparações entre interpretações jurídicas e interpretações de outros campos do conhecimento e da experiência humana. Sugere contrastes com modelos exegéticos da literatura. Acrescenta que o direito, *quando* e *se* melhor compreendido, colaborará para que tenhamos uma melhor inteligência de tudo que nos envolve.

Em seguida, indica o que nomina de problema central que agita a filosofia jurídica analítica. Substancializa questão clássica, no sentido de indagar que sentido deve ser dado às proposições jurídicas. Lembra-nos que estas podem ser abstratas, ou relativamente concretas, ou ainda absolutamente concretas. Essa tripartição, no entanto, não resolveria diretamente a questão, explicando adequadamente o que sejam proposições jurídicas. O que é que as torna ou as identifica como verdadeiras ou falsas? Seriam descritivas, ou meramente prescritivas?

A tradição positivista apontaria plausibilidade na aceitação da definição de prescrições normativas como dotadas de fundo descritivo. Para o jusfilósofo norte-americano, o positivismo e a escola analítica identificariam prescrições normativas como fragmentos da história. Esta percepção pode ser válida quando testada em circunstâncias muito simples. Não o é para explicar problemas mais complexos. Dworkin exemplifica com questões de interpretação de normas sobre ações afirmativas, não devidamente julgadas por tribunais superiores. Questiona se o intérprete descreveu o direito que tinha que interpretar, ou se apenas delineou o direito que supunha como mais adequado.

Proposições jurídicas também são juízos interpretativos da história do direito. Proposições jurídicas contêm indicativos de decisão e de avaliação. Dworkin lembra que tal idéia, que colocou como sugestão, seja simpática para estudiosos do Direito. É que todos afirmam que o direito seja matéria de interpretação.

No entanto, segue Dworkin, assim declaram porquanto definem a interpretação de determinada forma. Acrescenta que quando se tenha uma lei obscura, ou algum termo vago, ou sentença ambígua, tem-se reação imediata, previsível, sustentando-se que a norma deva ser interpretada. Recorre-se imediatamente a amplo conjunto de técnicas de interpretação, com as quais os juristas têm muita familiaridade, e sobre as quais falam o tempo todo.

Dworkin então nos remete à tese do originalismo, tão recorrente na jurisprudência norte-americana. A referida posição supõe que a função do intérprete consiste no encontro, na revelação e na aplicação da intenção original do autor da norma. O conceito tem amplo uso no direito constitucional, tal como praticado nos Estados Unidos, especialmente em âmbito de Suprema Corte, onde pontificam intencionalistas até os ossos, a exemplo de Antonin Scalia.

O acompanhamento das tendências hermenêuticas das cortes norte-americanas aponta que o originalismo sustenta teses conservadoras, ligadas ao ideário do partido republicano, em questões sensíveis, a exemplo de problemas de aborto, liberdade de expressão e ações afirmativas. No sentido oposto, certo ativismo judicial animaria teses mais liberais, que a literatura especializada nomina de ativismo judicial.

A partir do originalismo Dworkin aponta que boa parte de esforços interpretativos pode centrar-se na tentativa de se descobrir a intenção do legislador. Lembra que pode haver casos nos quais se descubra que o legislador não tinha nenhuma intenção, ou que sua intenção seja indecifrável... Cético, afirma que o julgador que diz ter descoberto a intenção do legislador estaria apenas concebendo um véu que teria por função esconder que de fato manifestara interpretação própria.

Limitando o alcance do raciocínio que desenvolverá, aproximando direito e literatura, Dworkin cogita de exemplo de fantasia, que em seguida descrevo. Imagina que a Suprema Corte do Estado de Illinois decidiu que a mãe de uma criança cujo atropelamento havia presenciado deveria ser indenizada pelos danos morais e pelo sofrimento pelo qual passou. Em seguida, indaga se a decisão seria extensiva à tia de uma outra criança, também atropelada, acidente que a tia tivera a notícia pelo telefone. O julgador que interpretar a decisão anterior, daria à mesma, tão-somente, uma nova interpretação, justificando a solução que reputasse mais adequada. Os casos seriam iguais? Seria o caso da aplicação da regra *ubi eadem ratio, ibi eadem legis dispositio,* isto é, *os casos idênticos regem-se por disposições idênticas*?

O exemplo ilustra porque advogados não podem tratar a interpretação do direito de forma distinta de outros modelos de interpretação. Muitas soluções há. Interpretação é algo que deve ser estudado do modo mais amplo possível. É forma de conhecimento. Exige relacionamento com outros contextos. Dworkin afirma que advogados deveriam estudar técnicas de interpretação artística e literária. Reconhece que estaria dando mau conselho, na medida em que nem mesmo críticos literários estariam de acordo em relação ao problema central que recorrentemente debatem. O que é interpretar? Quais os limites da interpretação?

No entanto, continua Dworkin, o intérprete do direito deveria estudar e conhecer o conteúdo dos debates que se desdobram na teoria literária. Explicitamente observou que *nem todas as batalhas do criticismo literário são edificantes ou mesmo compreensíveis*. Porém, há um grande número de teorias – quantidade bem mais representativa do que se tem em universo de discussão hermenêutica especificamente jurídica.

Prossegue Dworkin comparando a interpretação jurídica com a exegese literária. Há um ponto em comum, evidente: a busca do significado dos textos interpretados. Na interpretação literária pode se deixar de lado o interesse em determinada palavra ou excerto. Dworkin lembra os problemas que o estudo de *Hamlet* sugere. O personagem de Shakespeare realmente amava a própria mãe? Ou a detestava? O fantasma do pai realmente existia? Ou Hamlet apenas vivia uma manifestação esquizofrênica? Hamlet e Ofélia eram amantes, em tempo imaginário que antecede o início da peça? Dworkin diz-nos que há hipóteses que se aplicam ao enredo, de um modo geral, isto é, Hamlet teria como tema a morte, ou as gerações, ou a política.

E ainda a propósito dos problemas gerais interpretativos que a peça do bardo inglês suscita, observou que a discussão dessas questões contribui em relação a miríade de aspectos práticos. É que, por exemplo, pode auxiliar a um diretor de teatro a conceber elementos comuns que serão aplicados na preparação, no ensaio e na apresentação da trama estudada. A reflexão a respeito de problemas gerais de interpretação propicia que reflitamos sobre nossa cultura. E estaríamos refletindo sobre o direito.

Críticos literários discordam a respeito dos problemas interpretativos que encontram. Dworkin não pretende tomar partido. Quer apenas apreender *porque* e não *em relação ao que* estão discordam. Enuncia então o que nomina de *hipótese estética*. Reconhece que a premissa pode ser banal. E a identifica: uma determinada interpretação literária procura demonstrar de que modo um texto deve ser lido, apontando modelo que possa captar da forma mais artística possível o conteúdo do que se interpreta.

Dworkin adverte que haverá quem pretenda criticá-lo, afirmando que sua tese confunde interpretação com criticismo. Também observou que poderá ser apontado como relativista. Teme que possa ser identificado como negativista, isto é, que discorde de qualquer possibilidade de interpretação. Insiste na questão e em seguida procura demonstrar por que tais invectivas não procedem.

Concede que a chamada *hipótese estética* suscita que esteja aderindo à tendência contemporânea (identificada com correntes pós-modernas) no sentido de que há *interpretações*, e não necessariamente uma interpretação única, ou melhor, ou mais adequada, em torno de determinado poema ou de uma peça de teatro. Remenda, em seguida, que a *hipótese estética* não seria tão *selvagem*, ou tão fraca, ou inevitavelmente relativista, como pode se pensar em uma primeira reflexão. Observou que uma teoria de interpretação deve conter uma *subteoria*. Esta última deve padronizar mecanismos e referenciais para identificação de uma obra de arte. Teorias contemporâneas valem-se da idealização de textos canônicos. É o caso, por exemplo, do *cânon ocidental*, na tese de Harold Bloom, ou dos *cânones brasileiros*, na tese de Flávio Kothe.

Dworkin retoma a lembrança de que os críticos discordam no que se refere à identificação do que conta como integração, que tipo de unidade seria desejável, e qual delas seria irrelevante ou indesejável. Para Dworkin as maiores diferenças entre as várias linhas de interpretação não tocariam em problemas mais verticais. Por exemplo, haveria um ponto cognitivo na literatura? A arte seria melhor quando instrutiva?

Positiva a resposta, e admitindo-se a validade da psicanálise, pergunta Dworkin se a interpretação psicanalítica de uma obra de arte demonstraria o valor da obra interpretada. A arte seria positiva apenas quando comunica? A boa interpretação, então, seria aquela que alcança o que o autor da obra pretendia? Acrescenta que teorias da arte não existem isoladamente da filosofia, da psicologia, da sociologia e da cosmologia. Explicitando abordagem que reflete metodologia norte-americana, Dworkin observa que um religioso teria uma teoria da arte distinta de um não religioso. O fundo teológico da premissa parece muito óbvio.

Para Dworkin a *hipótese estética* não assume que todo intérprete de literatura conte com uma teoria estética plena e adequadamente desenvolvida, ou mesmo que pertença a alguma escola de interpretação. Dworkin acrescenta que não há interpretação única. Um romance pode ser lido de várias formas. O intérprete da obra de arte o faz com base em conjunto que reflita determinada linha ou escola de interpretação. Esse conjunto existe, ainda que de modo tácito. Não é simples reação do intérprete. No entender de Dworkin trata-se de uma crença genuína.

Realça que pode haver críticas à *hipótese estética*. Esta seria trivial. Seus pontos de partida seriam prenhes de obviedades. E porque visões sobre arte também refletem subjetividades e idiossincrasias, insiste que diferentes teorias da arte refletem e informam inúmeras escolas de interpretação. Ainda sobre a *hipótese estética* acrescenta que teorias interpretativas talvez não sejam mais do que discursos pretendentes a uma melhor resposta para questões substantivas colocadas para interpretação.

Assim, não se poderia diferenciar interpretação de criticismo. A interpretação indicaria como se descobrir o verdadeiro significado de uma obra de arte. O criticismo valoraria o sucesso ou a importância da obra interpretada, ou criticada. Dworkin assumidamente deixa de lado a objetividade, que reputa como temática para outra discussão, permanentemente aberta.

Julgamentos de obras de arte podem ser verdadeiros ou falsos, válidos ou inválidos. Nenhuma percepção estética poderia ser verdadeira ou falsa. Continua Dworkin afirmando que interpretação é empreendimento, é instituição pública, em face do que se deva adotar comportamento empírico. Indica então o que entende por *teoria da reversibilidade*, isto é, uma teoria da arte depende de uma teoria da interpretação, e a recíproca seria verdadeira.

Dworkin em seguida retoma o tema do intencionalismo, doutrina que reputa como muito vulnerável. Observa que a aceitação de que teorias de interpretação não qualificam análises independentes, e que – antes – são baseadas em teorias normativas da arte. Deve-se, como conseqüência, aceitar-se que há fragilidade quando se criticam as teorias nas quais se baseiam as várias análises interpretativas. Lembra-nos que a arte deve ser entendida como comunicação entre falante e audiência, o que dimensiona alternativamente questões colocadas pela tradição filosófica continental, como lida em Chain Perelman e em Jürgen Habermas.

Observa Dworkin que nenhuma teoria da interpretação plausível sustentaria que a intenção do autor seja irrelevante. Por isso os intencionalistas não se opõem à *hipótese estética*. No entanto, Dworkin parece opor reservas à tese intencionalista que fixa a busca do estado mental do autor no centro dos mecanismos de interpretação .

Com base em exemplo tirado da literatura, *A Mulher do Tenente Francês,* de John Fowles, Dworkin ilustra que o próprio Fowles reconhecera que autores têm intenções subconscientes, anteriores, que se alteram ao longo da composição da obra, reconhecendo – efetivamente – que se variou o rumo da narrativa ou da composição, muito depois da conclusão do trabalho.

E o próprio Fowles, que ao longo da composição da narrativa transitava entre vários planisférios de intenção, teria repensado a própria linha expositiva , após assistir a adaptação de seu texto para o cinema. Com base em Fowles, tem-se que *um mundo genuinamente criado deve ser livre de seu criador.* Romancistas criam mundos. Intenções de autor não são como listas de compras, levadas a um supermercado (e o exemplo é típico na argumentação da jusfilosofia norte-americana); intenções de autor são estruturadas, reagentes e atuantes em contexto muito amplo. Para o autor aqui estudado, a escola intencionalista reduziria o valor de um trabalho a uma visão muito estreita da vontade do autor.

Alcança então Dworkin a concepção de *corrente interpretativa do direito*, idéia que substancializa o vínculo que se estabelece entre direito e literatura. Sugere que há diferenças entre os papéis protagonizados pelo artista e pelo crítico. Criação e interpretação seriam instâncias muito distintas, embora ligadas por uma *corrente*, que tem como ponto comum vínculos indissociáveis entre criação, criador, interpretação, intérprete, crítica e crítico. A relação é recorrente em exegese literária. Ronald Dworkin pretende o uso de modelos de interpretação literária como método de análise jurídica.

Casos difíceis (*hard cases,* imagem recorrente em Ronald Dworkin) exigem mecanismos hermenêuticos que qualificam exercícios de análise e de crítica literárias. O que ainda mais recursivo no *common law*, onde o uso do precedente determina interpretação autorizada. A semelhança (ou dessemelhança) entre casos anteriores faz com que, segundo Dworkin, em versão livre minha, *"na decisão de um novo caso cada juiz deve se ver como um sócio em um empreendimento de uma corrente complexa de decisões, estruturas, convenções e práticas, que são história; é seu trabalho dar continuidade a essa cadeia histórica (...)"* (DWORKIN, cit., loc.cit.).

Interpreta o que ocorrera antes *porque* tem como responsabilidade dar continuidade a este empreendimento. E ainda segundo Dworkin, nos termos do próprio julgamento é que o intérprete determina até onde chegam as decisões anteriores. Retoma, então, o caso hipotético da Corte de Illinois, referente à imaginária indenização a ser (ou não) paga à mãe e à tia que perderam filha e sobrinha em um acidente, no qual a mãe tudo presenciou ou, no segundo caso, a tia soube da notícia por uma ligação telefônica. O intérprete deve fixar um ponto de partida. No caso, segundo Dworkin, por exemplo, a responsabilidade do motorista.

O intérprete, segundo o autor estudado, *deve buscar a melhor leitura da cadeia de decisões à qual ele deve dar continuidade.* Seu anelo é a obtenção de identidade, coerência, integridade. Porém, obtempera Dworkin, o direito, ao contrário da literatura, não é empreendimento artístico. É empreitada política. O melhor princípio e o melhor resultado devem marcar a atuação do intérprete. Para Dworkin, a função do hermeneuta e, no caso específico, do magistrado, é a interpretação de uma história normativa encontrada, *e não a criação de uma nova história*.

Para Dworkin, juízes desenvolvem abordagens particulares de interpretação, na medida em que formam ou redefinem teorias políticas que se mostram sensíveis às questões levadas à decisão. A interpretação de casos particulares depende intrinsecamente da influência subliminar dessas teorias políticas, que o intérprete pode apontar como *sua* filosofia jurídica. É o caso, por exemplo, do magistrado que vincula direito e economia, no sentido de que pretende decidir de modo a propiciar maior eficiência.

E a propósito da teoria intencionalista, Dworkin opõe-se à concepção que nega a interpretação do direito como ajuste essencialmente político. Retoma o problema da subjetividade do julgador, tão caro ao realismo jurídico norte-americano, inclusive mencionando indiretamente a metáfora do *café-da-manhã*. Era mote do realismo jurídico a aceitação de que a natureza de uma decisão dependia, entre outros, do que o julgador tomara na refeição matinal. Subjetividade e objetividade são valores, ou referências, que também se opõem na teoria literária.

Dworkin também considera objeções que podem ser lançadas à hipótese política da interpretação jurídica. Comparando esta última com a *hipótese estética* na interpretação literária, observou que a idéia poderia ser combatida na medida em que não colocara na devida posição o problema da intenção do autor.

Lembra o eterno problema da jurisprudência norte-americana, divida na busca (ou não) da intenção original dos *framers,* dos *founding fathers,* dos *pais fundadores,* como se denominam os constituintes daquele país. E ainda, no caso do *common law*, não há como se ter certeza em relação ao que se passava na cabeça de todos os juízes que decidiram anteriormente, e que criaram todo o conjunto de precedentes.

Retoma-se, então, à questão da definição de política em âmbito de interpretação jurídica. O confronto entre liberais e conservadores emerge sempre que se tocam em temas delicados, a exemplo do conceito de igualdade na constituição norte-americana. Conservadores argumentam em torno da *intenção* dos *fra-*

mers. Inclusive, acusam liberais, que chegam a conclusões mais igualitárias, de *inventarem* ao invés de *interpretarem* o direito.

Ronald Dworkin exemplifica com o argumento de Stanley Fish, para quem o debate entre escolas rivais é mais político do que meramente argumentativo. Para Fish, debates acadêmicos apenas possibilitam que acadêmicos rivais disputem o poder. E a maioria dos problemas que são levados à interpretação jurídica é de extrema sensibilidade política. Dworkin exemplifica esta sua assertiva com temas de moralidade política, feminismo, patriotismo, entre outros.

Dworkin pretende explorar conexões indiretas entre teorias estéticas e políticas. Insiste que toda teoria da arte tem base conceitual epistemológica, refletindo idéias sobre a experiência humana, autoconsciência, percepção e formação de valores. O mesmo se dá em âmbito de teorias políticas, e Dworkin exemplifica com o peso que o liberalismo confere à autonomia do indivíduo. Conclui que apenas relata sua opinião, no sentido de que política, arte e direito estão unidos, de algum modo, na filosofia.

Sigo agora com James Boyd White. Professor da Universidade de Michigan, James Boyd White é considerado por muitos como o mais expressivo nome do movimento *direito e literatura,* em âmbito de Estados Unidos da América. Seu livro *Legal Imagination* é fundacional para a reflexão daqueles que estudam direito e literatura. Com base em sólida preparação literária, o referido livro de Boyd White cuida em primeiro lugar da aprendizagem da linguagem do direito. Boyd White afirma que uma boa relação do advogado com a linguagem lhe garante sucesso como jurista e como escritor. Em outro livro, *Heracle's Bow,* Boyd White explora vários temas de direito e literatura, a exemplo do conceito de persuasão e de comunidade na obra de Sófocles. Em outro capítulo, discorre sobre decisões judiciais e poemas, enquanto formas de se ler a vida. Há outro livro de Boyd White, *When Words Lose Their Meaning,* que explora a cultura jurídica norte-americana, no que toca à concepção de uma cultura do argumento.

Para o presente ensaio, preocupo-me com o modo como James Boyd White aproxima justiça e tradução: aquela primeira seria exercício dessa última. Ao invés de definir justiça, Boyd

White parte de direção inversa. Principia por explicitar o que entende por tradução. Esta seria arte, no sentido não necessariamente estético de esforço de se enfrentar o impossível. Aparente negativismo reage e ressurge em *topói* mais sensível. A tradução seria o confronto de tentativas de construção de pontes entre instâncias, línguas e pessoas. Ocuparia espaço onde só há descontinuidades. É evidência de dimensão intelectual, que acompanha a existência, sempre (cf. BOYD WHITE, 1994, p. 257). Sigo, então, com o estudo de intrigante ensaio de Boyd White, inserido no livro *Justice as Translation,* emprestando-lhe o título.

A tradução passa pelo reconhecimento do *outro*, o artífice do texto original. Para Boyd White é este o centro de toda a significação. Há exigência de reconhecimento e de descoberta. Boyd White observa metaforicamente que a tradução demanda que se reconheça a língua traduzida, bem como os limites da própria expressão, para a qual se traduz a mensagem original. A boa tradução não seria domínio, aquisição do pensamento do *outro*; seria respeito.

Para o professor norte-americano, a tradução não qualificaria mera operação mental, por meio da qual o tradutor se apropriaria de determinado material, recompondo-o, em sua natureza textual. A tradução é relação entre seres humanos. Evoca imagens, pensamentos e modelos de vida social. O direito é incluído neste último grupo. Comunga com a vida numa perene atividade de interpretação. Leitura e interpretação de textos, tomando-se estes derradeiros s em seu sentido mais lato possível, preenchem a vida. Respondemos aos textos que enfrentamos, com nossos próprios textos, que preparamos a partir de todos os textos com os quais contamos. Tem-se uma profusão de textos.

Tradução e integração aproximam-se. São manifestações da vida interpretativa. Para Boyd White a tarefa da tradução educa. E o faz na medida em que se refere à necessidade de integração. Humanismo puro. A experiência da tradução se mostra radical e aprazível. É radical porque coloca em dúvida o sentido que fazemos de nós mesmos; é aprazível (*felicitous*) porque nos liberta momentaneamente da prisão de nossos modos de pensar e de ser. Não se traduziriam apenas textos, linguagens e culturas. Traduções aproximam (e afastam) indivíduos e grupos.

Boyd White insiste que traduções são textos que respondem a outros textos. E reconhece a impossibilidade de compreensão completa ou de reprodução. A tradução pode redundar na formulação de modelo ético e político, que informaria o direito e, além disso, como um modelo de justiça. Segundo o professor norte-americano a tradução permite que se honre o *outro*, possibilitando-se ainda a compreensão de quem esteja interpretando. Observou que tradução lembra reação que temos para com uma tela ou para com uma música; é que não apenas olhamos ou escutamos; falamos sobre nossas experiências, na medida em que olhamos ou escutamos. Para o autor aqui estudado, sabe-se perfeitamente que a experiência não pode ser traduzida somente por meio de palavras.

Trata-se de reconhecimento de nossas limitações. Sabe-se que dizemos apenas parcela do que pode ser dito; é a imagem do bom crítico, que tem conhecimento dessa restrição. A tradução ocuparia o núcleo do moderno discurso acadêmico. Este último é caracterizado por uma competição entre tradutores. Psicólogos e economistas, no exemplo de Boyd White, tomam-se por tradutores. Psicólogos querem reduzir a experiência humana à dimensão do conflito psicológico. Economistas pretendem sintetizá-la nas dimensões de troca. Trata-se de radicalismo, por meio do qual segmentos intelectuais pretendem tradução universal para os próprios termos nos quais transitam. Mais uma metanarrativa, diriam os pós-modernos.

O bom tradutor, continua Boyd White, é o definidor de conjunto de possibilidades éticas e intelectuais. Aproxima-se de quem se pode aprender, como pessoa e como ator do direito. Com base em conceito mais empírico de traduzibilidade lembra que a advocacia é exercício explícito de tradução. O advogado conversa com seus clientes. Ouve estórias. Sua tarefa consiste em ajudá-lo a contar uma estória. Deve narrá-la em todas as dimensões lingüísticas possíveis. Deve dominar a linguagem do cliente, a linguagem do direito, das circunstâncias fáticas que o problema levanta. A conversa com o cliente é complexa. O advogado deve fazer com que seu cliente também compreenda o problema que trouxe, em seus termos legais, descortinando possibilidades e prevendo conseqüências. O cliente aprende a linguagem do direito.

O advogado também assimila uma outra linguagem, que pode ser sua, mas que também seria faticamente transitória. Segundo Boyd White a relação advogado/cliente propicia uma série de textos, que traduziriam imperfeitamente a estória do cliente, ou a nova estória, na versão do advogado. A tradução dos fatos originários, como vistos e sentidos pelo cliente, em termos legais, propicia algo novo. Para Boyd White tem-se um novo discurso. A estória originária, e agora outras estórias, formam significado distinto; essa significação identificaria a força do direito.

O advogado viveria em eterno movimento, entre línguas e estórias. Mediaria relatos e falares. Segundo Boyd White, o advogado deve estar preparado para a ação verbal, adestrando-se na argumentação. Deve saber falar a linguagem do cliente, e do modo mais completo possível. Ainda, a realização de perícias, por exemplo, exige do advogado o domínio de amplo conjunto de técnicas de tradução. Deve traduzir laudos técnicos para a língua comum. Deve dominar a linguagem técnica de que trata a questão. E deve dominar tão bem o problema, de modo a preparar adequadamente uma testemunha para o embate do interrogatório. Deve saber como explicar os vários assuntos para juízes e para o tribunal do júri. O que é verdadeiro para o advogado também o seria para o direito.

Para Boyd White o direito qualifica o discurso do poder em um mundo oficial. É a língua da burocracia. E no direito, tal como na tradução, há conflito e, conseqüentemente, perdas. O direito cuida, em seu plano real, de duas estórias que estão em conflito, competindo, na busca da estória mais plausível. A tradução impulsiona a competição. Retoma-se o caso do tribunal do júri. O advogado deve verter os fatos para a linguagem do cidadão que julga. Fala-se a mesma língua, em princípio; porém, a escolha das expressões adequadas, e mais convincentes, propicia mediação entre dois discursos distintos, que não se encontram no mesmo plano originário de entendimento.

A decisão judicial encontra-se no mesmo nível de traduzibilidade; isto é, para quem a compõe, e para os seus destinatários. Reflete as vozes que disputam o pódio da veracidade. Reproduz a linguagem que define a questão que está sendo julgada. Explicitamente, para Boyd White, em versão livre minha, *"quando agimos, como juízes ou como pessoas, optando, ou si-*

lenciando vozes, deve se ter conhecimento de que assim o fazemos, e tal consciência deve encontrar expressão naquilo que falamos" (BOYD WHITE, cit., p. 263).

Boyd White ajusta tradução como *integração*. Aproximam-se duas coisas, ou fatos, ou versões, ou substâncias intelectuais; cria-se um terceiro elemento. No entanto, para o autor aqui reproduzido, a composição nova não é mero efeito da fusão de elementos anteriores. E também não apaga seus traços dominantes. Aprofunda-se o sentido dos elementos que se fundem, potencializando-se, inclusive, diferenças que há entre substâncias originárias.

Surpreso com a própria conclusão, Boyd White questiona se não concebeu mera receita para relativismo puro. E pergunta se não há verdade, ou permanência, ou mesmo relação intercultural, válidas para duas pessoas diferentes. Verticaliza o problema (ou o falso dilema) na medida em que questiona se comunicação, compreensão e tradução seriam operações impossíveis. Lembra que a pergunta é plausível, tendo-se em vista a metáfora de poetas que escrevem para outros poetas, compondo textos que não poderão ser reproduzidos em outros termos, que busquem fatos ou preposições que poderiam fazer sentido para todos nós.

Boyd White dimensiona cada pessoa como um centro de significações. Somos produtores de linguagem, em algum momento, e por algum motivo, diferente de outra linguagem. Reconheceríamos que a língua que produzimos não poderia ser vertida para outras línguas. Não se teria uma *superlinguagem*, que permitiria que não se tivesse nenhuma perda real do significado das palavras e idéias que se pretenda exprimir. Deveríamos então abandonar a utopia de uma linguagem objetiva ou universal, dotada de autoridade.

Concede Boyd White que a insistência na existência dessa *superlinguagem* seria expressão da tirania. Falamos de modo distinto. A *superlinguagem* é miragem antibabélica. Porém, e então Boyd White reconstrói o que desconstruiu, o respeito que devemos para com os outros não exige que nos apaguemos. O acatamento que devemos para com os outros não determina que subestimemos nossa própria cultura. Não precisamos agir como se todos os valores possíveis estivem com o *outro*, lá, e não aqui, junto a nós mesmos.

Boyd White afirma que devemos criar moldura que acomode a nós e aos outros, e que ninguém represente ponto imaginário dominante. Defende a construção de imagem que qualifique igualdade fundamental e concreta. O que se mostra verdadeiro em relação a uma determinada tradução decorreria do que se exige de fidelidade a outra língua também. Esta última, por sua vez, também necessita de afirmação. E Boyd White insiste que a questão não é indicativa de relativismo que acene com a impossibilidade de que se conheça algo. Trata-se de conteúdo epistemológico que sugere que precisamos de modos próprios, nos dizeres de Boyd White, para que vejamos todas as coisas, nos termos de outras coisas.

Lembra Boyd White que geralmente não se diz (ou não se problematiza) como julgamentos podem ser alcançados. O julgamento tem modo próprio, que é tradução, que interfere, e que muda o mundo. É composição, e então é arte, que integra, ao traduzir. Somos todos artistas. Há uma incerteza de feição radical. Construímos e reconstruímos narrativas, desde o início de nossas vidas. Dividimos nossas narrativas. Criam-se narrativas coletivas, centradas na família, e em inúmeros outros ambientes. Comunidades nascem e se mantém em torno de língua comum.

Boyd White observa que é da psicologia do desenvolvimento a noção de que aprendemos e inventamos nossa linguagem. A invenção, nesses termos, guarda característica de essencialidade para todo o conhecimento. Vivemos entre linguagem e arte, que acenam com dois opostos não existentes: a liberdade total anteposta à restrição completa. Nesse espaço imaginário preenchemos a existência.

Dominamos a fala e desenvolvemos relações sociais a partir do que vivemos na família. Somos um conjunto de práticas sociais e culturais que aprendemos e modificamos desde nosso nascimento. Recorre-se à percepção de uma *autopoiese*, lembrando organismo que interage com o meio ambiente. Nesse processo, continua o professor norte-americano, organismo e meio ambiente continuamente se alteram; espécies, indivíduos, línguas, culturas e comunidades coexistem em regime de constantes trocas recíprocas. Para Boyd White trata-se de constatação que não justifica que se tenha temor ou que se festeje.

O direito faz parte do núcleo de incertezas da vida. Busca modelos externos, e que sejam firmes. É indicativo de criticismo, de transformação e de preservação cultural. Traduzir e interpretar, em âmbito de direito, são tarefas que demandam excelência. Exigem intelecto e caráter. Essa excelência, ainda para Boyd White, é dificilmente alcançada. A fidelidade aos textos exige arte e invenção. No direito o efeito prático da consciência de que se busca excelência é a evocação da força e da linguagem autoritária, meramente burocrática, e com a burocracia identificada. Corre-se o risco de não se admitir o valor de outro modo de ser ou de falar.

Para Boyd White o advogado-tradutor deve resistir à cadeia de linguagem burocrática, dominando-a, conseqüentemente. O direito propiciaria espaço para que vozes não ouvidas possam encontrar audiência. Nesse sentido, Boyd White alavanca uma série de questionamentos, nomeadamente: deve o direito consubstanciar instrumento de poder burocrático? Ou deve o direito qualificar ferramenta teórica? Ou é tradução a serviço de uma arte que reafirma a própria linguagem sem deixar de respeitar o que está fora dela?

Em seguida Boyd White trata da questão da tradução e da interpretação no direito islâmico. No direito islâmico só há uma fonte de autoridade: a vontade de Deus. Esta é revelada pela humanidade de uma única forma: as palavras e os atos do Profeta. A revelação é conhecida ao longo do estudo dos textos escritos. Muitos, no entanto, segundo Boyd White, foram redigidos mais de 200 anos depois que os eventos descritos teriam ocorrido. Pode haver certas inconsistências, ambigüidades e incertezas.

Em um mundo dirigido para a necessidade da certeza, como tais eventuais incertezas seriam enfrentadas, toleradas ou corrigidas? Boyd White lembra do estudo disciplinado dos textos canônicos, embora produzidos por escolas e pensadores que discordam e que mantêm um eterno debate. Pergunta Boyd White como os juízes se comportariam diante do crente. E lembra a solução afirmada pela tradição, no sentido de que todas as leituras são válidas, se originárias da boa-fé na busca de seus significados mais plausíveis.

Pode-se seguir qualquer uma delas, e ainda assim se cumpre a palavra da lei. Para Boyd White a solução permite a criação de um mundo marcado pelo respeito à diferença. O intérprete livra-se da prisão existencial do significado único. Presta-se deferência à honestidade da linguagem. Mantém-se imune ao caos e ao relativismo indiferente. Para Boyd White a solução muçulmana reflete humildade e sinceridade. O professor norte-americano nomina este desfecho de *a ética do tradutor*.

A criação de nossos próprios textos é medida necessária. Boyd White ilustra a questão da criatividade, que ele tanto defende, com a discussão que se travou entre Melanie Klein e Anna Freud, a propósito do legado e da interpretação dos textos freudianos. Anna Freud, por razões até de herança e de genética, como filha do pai da psicanálise, tinha-se como a intérprete autêntica de Sigmund Freud. Boyd White lembrou a intervenção de David Winnicott, que em carta observou que a fidelidade aos textos antigos exige que a partir deles recriemos. A percepção de Winnicott lembra-nos a apreensão de que o socrático contemporâneo é aquele que duvida do próprio Sócrates.

Boyd White insiste que devamos partir do reconhecimento das diferenças entre línguas, mundos, povos. Nossa maior obrigação e nossa maior esperança consistem na criação de um mundo no qual cada pessoa seja integralmente reconhecida, confirmando-se suas capacidades de vida. Para o professor norte-americano é fácil de se adotar esta tese de reconhecimento e muitos assim têm feito. A maior dificuldade, objetivamente, é dar significado a tudo isso. É tal tarefa, que é da arte, e que une justiça e tradução. Nesse sentido, justiça é tradução. Sigo com José Calvo.

José Calvo Gonzalez é pensador fecundo do selo *direito e literatura*. Professor da Universidade de Málaga, na Espanha, Calvo concebe a justiça também como um relato. Meticuloso, erudito, irreverente, observador dos variados pormenores que compõem o substrato da experiência cultural, Calvo fundamenta suas reflexões em ângulos inesperados e inusitados. Parece que devorou todos os autores. E se a justiça é relato, narrativa, revela-se por miríade de fórmulas, que transitam da expressão escrita para a energia gestual. A premissa substancializa o parágrafo de abertura de um de seus mais iluminados ensaios, ao mesmo tempo enigmático e claríssimo, paradoxo insinuado já no título, *Justiça e Semionarrativa: Imagem, Gesto e Relato*, ao qual o professor espanhol acrescentou tratar-se de uma *preliminar a uma história que não abre capítulo*.

Calvo inventariou quantidade exuberante de gestos, indicando meneios cartesianos, lânguidos, involuntários, tiques, espasmódicos, distintos, vulgares, tímidos, titubeantes, ambíguos, decididos, firmes, solventes, arrogantes, humildes, indolentes, irascíveis, persuasivos, não convincentes, dissuasórios, elevados, sublimes, baixos, miseráveis, patéticos, pusilânimes, graves, serenos, entre outros (cf. CALVO, 2002, p. 13). O excerto literariamente lembra-nos as taxonomias de Jorge Luís Borges; do ponto de vista antropológico remete-nos à história de nossos gestos, do potiguar Luís da Câmara Cascudo.

A partir desse levantamento de gestos Calvo confessa-se atraído por gestos com fisionomia intelectual (cf. cit., p. 14). Gestos também qualificam etiquetas litúrgicas e ritualismos processuais (cf. cit., p. 15). A narrativa jurídica em sua dimensão pragmática é multiplicação de gestos, e também de momices. O martelo do magistrado que apela pelo silêncio, o dedo em riste do acusador, o olhar reverente do réu. O espaço judicial comporta a troca de gestos, e de expressões, providenciando sonoplastia, decorando e animando o embate em busca de verdade comprometida tão-somente com a resolução de um problema. A justiça gesticula, movimenta-se, mimetiza-se em nichos de segurança imaginária. Para Calvo, *nenhuma representação gestual da justiça é natureza morta* (cf. cit., p. 17).

Creio que é justamente essa verdade pretendida pela tradição ocidental que busca racionalidade e certezas, onde há somente incertezas e desatinos, que provoca em Calvo a admiração pela composição de gestos. É que gestos narram, aproximam-se e convergem para outros modelos expositivos e narratórios. Calvo problematiza certezas inexistentes, lembrando-nos o dilema que opõe a hermenêutica às técnicas estruturalistas de desconstrução. Recorre ao mote *não acredite no contista, mas no conto*, acrescentando aporia demolidora, que indaga, afinal, por que se deve acreditar em qualquer um dos dois, conto e contista (cf. cit., p. 25).

E acrescenta Calvo que *a confiança não é a nota mais relevante da hermenêutica...* (cf. cit., p. 27).

Calvo divide com Walter Benjamin uma dúvida que acompanha nossa cultura; questiona *o que* conta a estória, bem como *o que é que* ela conta (cf. cit., p. 26). Em língua portuguesa a questão ganha demãos esfíngicas na medida em que apartamos *estória* de *história*, narrativa ficcional de fala memorial, embora bem saibamos que esta última é muitas vezes aquela primeira, e que ficção e história se confundem, à luz de uma historiografia da suspeição. Ambos, *estória* e *história*, atormentaram Walter Benjamin, o filósofo da melancolia.

A percepção de Calvo afasta-se da dúvida do frankfurtiano que não foi para o exílio, na medida em que o professor espanhol sugere aproximações entre entornos de verdade, bem como de construção e de outorgas de sentido (cf. cit., p. 26). Para Calvo, em versão livre minha, "(...) *contar uma estória faz de seu relato o ato mediante o qual tem lugar uma experiência cognitiva, a compreensão do sentido. Por conseguinte, em uma narração o que conta do ato do relato é compreender o sentido da estória contada no relato do narrador, como da estória contada na narração do relato*" (cit., p. 29).

Calvo identifica a justiça também com o relato, como já dito, assumindo todos os problemas que narrativa e compreensão dos relatos possam provocar. A justiça seria *relato que não perdeu a capacidade de enlaçar uma continuidade narrativa, de prosseguir contando sua estória (...)* (cit., p. 30). O autor aqui estudado declara convicção firme que dá conta de que justiça é relato que exprime *destino sem desenlace*, e que cativa com a *sedução do conto nunca acabar*. Há coincidências com a chave das 1001 noites.

No texto de Calvo alguns eixos temáticos de Homero são recapitulados. Lembra-se, indiretamente, e subliminarmente, do pomo da discórdia, da vingança de Éris, a deusa da discórdia, do afetuoso Paris, de Príamo, do infeliz Menelau e, por fim, de Helena, a mais bela entre as mortais, favorita de Afrodite (cf. cit., p. 31). Concomitantemente, o professor espanhol comenta quadro de Alberto Dürer, *A Justiça*, qualificando experiência estética vivida ao longo do movimento contra-reformista (cf. cit.,

p. 34). Experiências estéticas reverenciam, refletem ou abominam experiências políticas, e disso faz prova o amplo conjunto iconográfico do classicismo, recorrente na afirmação de valores greco-romanos, retomados e redimensionados por euforia de consagração do ideário burguês.

Calvo provoca-nos com a referência à associação da espada e da balança na confecção da imagem da justiça (cf. cit., p. 39). Refere-se a um poder simbólico; explicitamente, "não há dúvidas que uma das principais funções do poder simbólico consiste basicamente em sua capacidade para conotar e denotar, isto é, associar ou evocar e indicar e referenciar, sistemas de símbolos que constelam em renovados universos de sentido, socializados através de imagens e de gestos reconhecíveis" (cit, p. 40).

A justiça é relato que se manifesta por meio de intensa gesticulação, formal ou imaginária. Multiplica símbolos que firmam instâncias identificadoras do poder. Menos conteúdo metafísico do que experiência concreta sentida no cotidiano, a justiça, na leitura de Calvo, é indicativa de experiência captada pela sedução das narrativas. De tal modo, sigo com o professor da Universidade de Málaga, *"se, como penso, a justiça é assunto central da utopia civilizatória do direito, é sem dúvida correto, também que para sustentar a vertigem da realidade a justiça unicamente tem o espelho dos relatos. Por isso, apenas quando a justiça, de que possuímos apenas sombras e miragens (Cícero) se reconcilie com as revelações desse enfrentamento especulativo começa a ser possível não tanto superar os limites daqueles, quanto completá-los e estabelecê-los"* (cit., p.45).

Calvo fixa proposta de tese narrativista da justiça, avaliada como relato. Informa-nos que o ponto de partida da inusitada compreensão de justiça fora a noção de *inteligência narrativa,* tal como anunciada por Paul Ricoeur. Trata-se de modelo de competência que pressupõe encadeamento de fatos. Projeta-se suposta *intriga* prenhe de significados. De tal modo, conclui Calvo, dois pontos emergem e sustentam a linha argumentativa. Assim, uma compreensão narrativa de justiça se explicaria, na expressão do Professor Calvo, como a expressão de um universal que não seja unívoco ou equívoco, porém, análogo. Ainda, sigo com o que creio que compreendi na leitura do professor espanhol, o referido relato análogo seria indicativo de justiça como jurisdição, *semionarrativamente*, manifestando-se relato gesticular: *o gesto recompôs-se em estruturas de imaginário social* (cit., p. 50).

A exemplo dos retóricos, Calvo multiplica exemplos. Não se trata de mecanismo de comprovação do alegado, como se desincumbisse do fardo da parêmia *onus probanti incumbit qui alega factum*; trata-se, tão-somente, de argumentação exemplificativa. Assim, Calvo refere-se ao *estado de natureza*, invocando certa *fabulação justificativa* (cf. cit., p. 54). Provavelmente, a locução provocaria no leitor mais apressado algo que lembre a *grande narrativa* da discursividade pós-moderna.

Calvo lembra-nos que o jusnaturalismo do século XVII centrou-se em enredos de narrativas bíblicas; e Pufendorf pode ser o exemplo mais bem acabado. Eu acrescentaria preâmbulos de textos constitucionais, que substancialmente nos remetem ao núcleo dos pactos bíblicos, o *covenant*, da versão clássica inglesa. Ou ainda, randomicamente, faço menção a alguns preâmbulos, nos quais se identificam exatamente a *fabulação justificativa* que nos deu conta José Calvo.

As constituições do Baherein e do Afeganistão invocam o nome de *Deus, Cheio de Graça e de Compaixão*. Na Argélia o texto constitucional principia indicando que o povo argelino é *livre*. Os constituintes argentinos se invocam como *representantes do povo*, fórmula seguida por vários outros países. Em Andorra o preâmbulo do texto constitucional menciona um *povo detentor de liberdade e de independência*. A constituição da Armênia faz referência a *uma sagrada mensagem de liberdade dos amados ancestrais*. O preâmbulo da constituição do Azerbaijão dá notícia de *continuidade de séculos de velhas tradições*.

A constituição de Bangladesh indica comprometimento com os grandes ideais na fé absoluta. Na Belarússia menciona-se responsabilidade perante o presente e o futuro. Em Belize, fala-se de princípios que reconhecem a supremacia de Deus. Na Bósnia toca-se no respeito pela dignidade humana, liberdade e igualdade. O preâmbulo da constituição brasileira dá ênfase em sociedade fraterna, pluralista e sem preconceitos. A constituição da Indonésia apresenta preâmbulo que faz referência à abolição do colonialismo. Na Índia menciona-se a concepção de uma República Soberana Secular Socialista e Democrática.

Na Hungria o preâmbulo da constituição faz referência a uma sociedade que busca uma *economia social de mercado*. A constituição de Honduras concebe preâmbulo que aspira a restauração de uma *união centro-americana*. No Haiti refere-se à *busca da felicidade*. A constituição da República Helênica (Grécia) contém preâmbulo concebido *em nome da Sagrada e Consubstanciada Santíssima Trindade*.

O preâmbulo da constituição de Granada contém afirmação de Nação fundada em princípios que reconhecem a paternidade e supremacia de Deus e as obrigações dos homens para com seus semelhantes. O texto constitucional alemão é precedido de preâmbulo que invoca o propósito de servir à paz mundial. A constituição do Gabão fala em consciência da responsabilidade em face da história. A constituição da França finca-se em direitos do homem. O preâmbulo da constituição da Etiópia dá conta de comprometimento com a legalidade.

O preâmbulo da constituição da Estônia faz referência a *benefícios para as gerações presentes e futuras*. Em El Salvador tem-se preâmbulo que invoca *a vontade nos altos destinos da pátria*. No Egito o preâmbulo do texto constitucional formula crença *em terra gloriosa desde o início da civilização*. O preâmbulo da constituição do Equador fixa-se em *inspiração em história milenar*. O preâmbulo da constituição cubana remete a *herdeiros e continuadores de trabalho criador e de tradições de combatividade, firmeza, heroísmo e sacrifício*. O preâmbulo da constituição de Costa Rica deposita *fé na democracia*.

Na Croácia fala-se em milenar identidade da nação. No Congo na cristalização da esperança coletiva. O preâmbulo da constituição da Colômbia finca compromisso em fortalecer a interação da comunidade latino-americana. Na China tem-se um dos preâmbulos mais longos que há, e que evoca, sintetiza e relata a história daquele país. No Camboja refere-se à civilização dona de alto prestígio que radia as linhas de um diamante. No Camarão o preâmbulo indica pátria com ideal de fraternidade, justiça e progresso.

A constituição do Burundi dá conta de texto reativo à *gravidade da crise multidimensional que afeta o país*. O preâmbulo da constituição de Burkina-Fasso invoca *consciência na respon-*

sabilidade em face da história de humanidade. O preâmbulo da constituição da Bulgária indica *aliança com a lealdade para com valores universais de liberdade, paz, humanismo*, entre outros. No Butão, o preâmbulo do texto da constituição daquele país lembra condição de *abençoados com as bênçãos luminosas do Triplo Gem.*

Os exemplos comprovam a *fabulação justificativa* concebida por José Calvo. Excertos de textos de preâmbulos de constituições de vários países do mundo, aleatoriamente tomados, indicam que relatos discursivos fundamentam conteúdos normativos. É o chamado *romance do Estado,* imagem que Calvo veicula a partir de Pierre-François Moreau. A referida *fabulação,* continuo com Calvo, é sentida em John Rawls, a propósito de esquemas neokantianos de *posição original* e de *véu da ignorância.* Ao invés da *teoria da justiça* de Rawls, o momento sugere a imagem e a crítica de Perry Anderson, para quem o livro clássico de Rawls deveria se chamar de *teoria da injustiça...*

A realização da justiça também é *fabulação justificativa* incorporada na tradição jurídica ocidental, especialmente no que toca ao conceito de *ordem,* no sentido de se buscar um equilíbrio entre tensões que decorrem de necessidades de mudanças e desejos de estabilidade. Muitas vezes a realização da justiça assume os foros de *ideal messiânico de direito,* associado à cena bíblica do julgamento final, informando uma escatologia da redenção (cf. BERMAN, 1983, p. 21).

Retomo a linha de raciocínio do Professor Calvo que atinge, então, a narratividade que informa a justificação de estatutos constitucionais de direitos e de liberdades. Cita a fábula do *hombre-topo*, concebida por Antonio E. Perez Luño, em seu livro sobre os direitos fundamentais. A fábula é pouco conhecida do leitor brasileiro. Não me consta que o texto de Perez Luño tenha sido traduzido para o português. Cuido de resumir o relato, ilustrando o pensamento de José Calvo, bem como recomendando a leitura do Perez Luño, no original.

Mantenho a locução do autor espanhol: *hombre-topo*. Versão mais direta indicaria um *homem-toupeira*; a tradução seria inapropriada, dado a carga negativa que *toupeira* carrega no idioma português. Trata-se de pequeno animal mamífero, de pelos muito finos, que se movimenta pela terra, alimentando-se de insetos. Em princípio, *topo* também suscitaria versão para *espião*. Ainda assim, creio eu, inadequada a utilização de dicionários de equivalência. Mantenho o original, *hombre-topo*, e da narrativa flui a intenção de Perez Luño, especialmente como captada por José Calvo. Sigo com Perez Luño.

O personagem da fábula optara por viver clandestinamente, distante da sociedade civil, em tempo hipotético que ocorreria entre a ditadura franquista e a restauração da democracia espanhola, plasmada na constituição de 1978. Com a retomada da democracia o *hombre-topo* pretende deixar o confinamento. Quer abandonar o auto-exílio que vivia. Pretende participar da vida cívica do novo Estado que se organizava. Com a intenção de associar-se ativamente nesse Estado de Direito que se concebia, estudou profundamente o direito constitucional (cf. PEREZ LUÑO, 1988).

O *hombre-topo* era preparadíssimo. Ao longo do exílio voluntário, prossigo com Perez Luño, estudara profundamente a filosofia. Confinara-se no sótão de uma instituição sepultada por ruínas da guerra. Indica-nos Perez Luño que a restauração do local não era prioridade para a administração, ao fim da guerra civil. Aqueles que auxiliaram o misantropo com alimentos também o municiaram com textos mais contemporâneos. Estudando o novo texto constitucional, o personagem imaginário de Perez Luño percebeu que lhe faltavam dados sociológicos para que pudesse aproximar o texto constitucional com a realidade que plasmava a Espanha.

Perez Luño explica que seu personagem dominava *ampla cultura livresca*, mas que desconhecia informações veiculadas pela imprensa. O *hombre-tropo* não tinha conhecimento dos compromissos políticos que matizaram as forças que desenharam a constituição democrática espanhola. O *hombre-tropo*, diz-nos Perez Luño, surpreendera-se com o número de compromissos que o texto constitucional espanhol engatava.

Como combinar a idéia de unidade indissolúvel da nação espanhola com o reconhecimento do direito às autonomias regionais? Como assentar a democracia representativa e de partidos com a democracia de participação popular e direta? Como garantir a liberdade da empresa no marco da economia de mercado à luz da subordinação ao interesse geral de todo tipo de riqueza por meio da planificação econômica? Também indaga Perez Luño como seu personagem acomodaria o compromisso entre o valor da liberdade, típico da tradição liberal, com o valor democrático da igualdade, por meio do reconhecimento das liberdades públicas e dos direitos econômicos, sociais e culturais.

A narrativa de Perez Luño persiste com graça e elegância. O constitucionalista espanhol dá-nos conta de que seu personagem vivia numa encruzilhada de dúvidas e de incertezas. Perez Luño nos indica que o *hombre-topo* resolveu seguir a máxima de Goethe. O poeta de Frankfurt ensinara que *convém investigar a verdade das coisas em seus elementos mais simples e com ajuda de conselho certo e pertinente*. O *hombre-topo* resolvera consultar pessoas da pequena localidade onde vivia.

Conversou primeiramente com um padre, em quem muito confiava, e a quem conhecia há muito tempo. Perez Luño indica-nos que o padre justificou o novo texto constitucional espanhol à luz de uma *fundamentação jusnaturalista objetivista*. O padre bem conhecia a filosofia tomista. Quanto à constituição, o padre garantiu ao *hombre-topo* que não percebia nenhum anti-sectarismo clerical. Segundo o clérigo, reconhecia-se a liberdade religiosa. Observou também que os direitos e liberdades qualificados pela constituição possuíam base jusnaturalista.

O *hombre-topo*, prossegue Perez Luño, em seguida dialogou com um empresário, homem que sobrevivera várias crises e que defendia idéias liberais. O empresário conhecia direito e economia. Segundo Perez Luño, o empresário fizera uma pós-graduação em *prestigiosa universidade norte-americana*. Conhecia o pensamento liberal. Estudara Hayek, Friedman e Posner. Para o empresário, ainda segundo o constitucionalista espanhol, o texto constitucional sedimentava um Estado de Direito que teria como objetivo a proteção da liberdade dos cidadãos em face da ingerência do governo. Concebia-se, assim, a divisão dos poderes, o respeito à legalidade, a proteção à herança e à propriedade privada, bem como à economia de mercado. Segundo o empresário, na fábula de Perez Luño, o texto constitucional dispensava eventual fundamentação na *falácia dos direitos naturais*. Direitos fundamentais seriam garantias à autonomia individual; seriam, assim, categorias jurídico-formais. O *hombre-topo*, continua Perez Luño, lembrou-se da imagem de Jeremiah Bentham, que teria afirmado que por trás da bandeira do direito natural havia punhais e adagas...

Continuando as investigações o *hombre-topo* visitou um advogado trabalhista, compromissado com causas populares. A biblioteca do jovem e combativo advogado contava com muitas obras progressistas, inclusive algumas relativas a propostas do uso alternativo do direito. Perez Luño revela que o advogado entendia os direitos e garantias plasmados na constituição como *um ponto de partida, e não como uma meta de chegada*. A constituição substancializaria o inicio de *modificações profundas* que seriam vividas pela sociedade espanhola. Direitos constitucionais não reconhecem valores eternos, bem como não seriam instrumentos para a garantia de posições econômicas e sociais. Para o advogado trabalhista a constituição espanhola deveria ser interpretada *em benefício das classes populares*. A fábula dá conta da posição do jovem advogado, para quem *direitos fundamentais seriam o produto da exigência do homem histórico*.

Perez Luño então observou que o *hombre-topo* sentira-se mal porquanto tomou conhecimento de idéias tão diferentes com o propósito de se justificar um texto único. O *hombre-topo* sentia que não se tratava de três percepções distintas de um mesmo texto constitucional. Tratava-se de três constituições diferentes... Admitiu, por outro lado, que as três leituras apresentavam um ponto em comum: os referidos direitos, de qualquer forma, estavam garantidos na constituição.

Refletindo, o *hombre-topo* concluiu que o padre justificava a constituição em termos metafísicos, a partir de valores historicamente fechados e não históricos. Perez Luño conta-nos que o *hombre-topo* temia uma tirania de valores, a ser eventualmente exercida por um determinado setor da sociedade, que se diria porta-vez desses mesmos valores. Concluiu também que o empresário apresentava percepção individualista; no entanto, o direito positivo não seria efetivamente a única fonte de fundamentação de direitos e liberdades. No sentir do *hombre-topo* a ótica do empresário privava os direitos fundamentais de um *horizonte crítico*. Quanto à concepção do advogado trabalhista, o *hombre-topo* preocupou-se com certa subversão da ordem política. Suspeitava de uma politização abusiva da interpretação constitucional.

Perez Luño encerra a intrigante parábola observando que o *hombre-topo* concluiu que os direitos fundamentais, como colocados na constituição espanhola, eram prenhes de unidade e de sentido. Acordavam com o catálogo de direitos humanos da declaração da Organização das Nações Unidas. Reconheciam tratados e acordos internacionais subscritos pela Espanha. Consagravam o pluralismo político. Justificava-se a nova ordem.

A parábola de Perez Luño é exemplo muito claro da fabulação justificativa do direito, tal como proposta por José Calvo, para quem o direito enceta várias formas de relatos, que transcendem dos gestos para as palavras escritas e sentidas. Perez Luño contou uma estória. O relato suscitou experiência cognitiva. Compreende-se o sentido da narrativa, especialmente porque ela se presta a justificar uma outra narrativa. A compreensão do sentido da estória contado, no relato do narrador, ilumina a estória contada, na narração do relato, exatamente com o preconizado por José Calvo.

7. Direito, Literatura, Criptomnésia e Plágio

Percepção mais analítica da relação entre direito e literatura pode ser alcançada em Richard Posner. Especialmente, a questão é afeta ao problema do plágio, e de uma versão cínica para a prática, a chamada criptomnésia. É do que se trata em seguida. Richard Posner é expoente máximo do movimento *Law and Economics,* concepção teórica norte-americana que remonta à tradição do utilitarismo e do pragmatismo e que propõe que o Direito seja estudado a partir de vetores econômicos. Trata-se da mais influente corrente que há na *jurisprudência* norte-americana contemporânea. Isto é, tomando-se *jurisprudência* tal se como compreende a expressão naquele país. Não se trata da recorrência como matérias são tratadas pelos tribunais, a exemplo do que se conceitua jurisprudência entre nós. Para os norte-americanos *jurisprudence* remete o intérprete ao que na tradição da cultura jurídica brasileira transitaria em âmbito de filosofia do direito.

O pensamento de Posner ocupa-se de matriz conceitual que empreende a tarefa difícil de conceber análise econômica das regras e das instituições jurídicas. Nos termos de prefácio que Posner preparou para seu livro mais expressivo, *Economic Analysis of Law,* enfatiza-se o estudo dos modelos de regulamentação e seus efeitos nos comportamentos do mercado. Assim, crimes, acidentes, ações judiciais, drogas, furtos de obras de arte, atos sexuais, uso de *barrigas de aluguel,* queima de bandeira nacional em cerimônia pública, perdão presidencial, democracia, observância de padrões religiosos, miríade de assuntos normativos que contemplam reflexos econômicos, precisariam de compreensão que se situe junto à fundamentação econômica.

Para Posner a análise econômica do direito pode suscitar melhor compreensão do universo normativo; e, ainda, a eficácia que o modelo poderia suscitar promoveria o bem para um maior volume de pessoas: retoma-se o ideário utilitarista de Bentham. O pragmatismo é característica marcante do entorno jusfilosófico de Posner (cf. HAUGH, 2001, p. 9-51), percepção temperada por instâncias predicativas e behavioristas (cf. SUMMERS, 1990, p. 1302). Para Posner, o direito não é uma entidade, é uma atividade (cf., 1993, p. 168).

Propriedade intelectual, assunto de fundo normativo, exigiria referencial de confecção e de intuição hermenêuticas. Em idioma inglês, *patents, copyrights, trademarks, trade secrets* e *privacy* plasmam dinâmica de regulamentação que exige que se alcancem efeitos econômicos. Nesse sentido, e a partir desta ótica, é que Posner ocupa-se da intersecção entre direito e literatura. Autor de livro muito conhecido na área indisciplinar que vincula esses dois nichos do saber, Posner prefere não dar muito ênfase ao direito como narrativa (literatura no direito) ou à literatura ficcional que trate de temas jurídicos (direito na literatura).

Para Posner, direito e literatura relacionam-se, prioritariamente, em espaço dogmático marcado rigidamente pela legislação aplicada à propriedade intelectual. Nesse sentido, o direito conceberia modelo regulatório para a literatura (cf. POSNER, 1998, p. 381 e ss.). Percepção analítica da relação entre direito e literatura, de certo modo qualificadora de relação *trivial*, provocou certa crítica (cf. WEISBERG, 1988, p. 1597-1626), por vezes ácida, a propósito do comentário de Stanley Fish, que não teria admitido tendência de Posner afirmar que direito e literatura pouco contribuiriam mutuamente (cf. FISH, 1988, p. 777). Posner, registre-se, defende a utilização da literatura no estudo de elementos retóricos que informam o discurso jurídico (cf., 1993, p. 394).

É nesse núcleo que Posner questiona a natureza do plágio, isto é, se é crime ou ilícito civil, resolvido por perdas e danos, ou se por punição penal, ou se por ambos. Centrado nos efeitos práticos do problema, Posner ocupa-se mais da dimensão de ilícitude civil do plágio, invocando – inclusive, e com certa ironia – conceitos suspeitos de *criptomnésia* e de *plágio inconsciente*, tema do presente ensaio, que se ocupa em analisar livro recente de Posner, não traduzido para nosso idioma, *The Little Book of Plagiarism*. É o que segue.

Posner propõe avaliar o plágio como juiz e professor de direito, à luz do *Law and Economics* e do regime jurídico da propriedade intelectual (cf., 2007, p. 10). Estimou que um terço dos alunos de *high school* e de universidades norte-americanas eventualmente um dia plagiaram ou teriam cometido alguma forma de fraude acadêmica. Sardonicamente, observou que o plágio também tem lado cômico inesperado.

Lembrou o caso da Universidade do Oregon que teria plagiado *Manual do Professor* elaborado pela Universidade de Stanford, justamente no capítulo referente ao plágio... A propósito das discussões que se travaram em torno de suposto plágio feito por professores de Harvard, Lawrence Tribe e Alan Dershowitz), Posner observou que em geral se duvidaria que o plágio seria mais comum em Harvard do que em qualquer outra universidade. Insistiu que há plágio também em Harvard, e que a revelação do fato apenas ganharia mais notoriedade. É que, explica, a descoberta do plágio na famosa universidade norte-americana faz com que descubramos que *gigantes, incluindo-se instituições gigantes, têm pé de barro"* (POSNER, cit.loc.cit.).

Posner indaga os porquês do plágio atrair tanta atenção. Provavelmente, adianta, porque seria comum nos dias de hoje. Ou porque, acrescenta, seus limites seriam presentemente mais vagos e contestáveis. Ou porque, ainda, seriam detectados com mais regularidade, reflexo mesmo de processos de digitalização e de utilização de farta messe de material cibernético. Ou talvez porque o plágio invoque assunto fascinante por conta da ambigüidade que o conceito enceta. Provavelmente, continua, por causa da variedade de implicações que o plágio provoca, bem como seu relativismo histórico e cultural, a par da contestatibilidade de seu sentido normativo. Posner fascina-se com motivos misteriosos e curiosas desculpas que marcam o plágio, com seus meios de detenção, e com suas formas de punição e de absolvição.

Posner admite que a definição de plágio nos coloca dificuldades. A concepção de roubo ou de furto literário seria incompleta. É que existe também o plágio em outras formas de expressão, não exclusivamente literárias, a exemplo da música, das artes plásticas e das idéias em geral. Toma como exemplo central, em âmbito de direito e literatura, as decisões judiciais. Observa que a maior parte das pessoas que não convive com o cotidiano do judiciário acredita que sejam os juízes que redigem as próprias decisões. Refiro-me à experiência norte-americana, em âmbito da qual Posner desenvolve suas reflexões. Posner escreveu que apenas uma minoria de magistrados norte-americanos redigiria presentemente as próprias decisões. A maior parte de sentenças atribuídas aos juízes norte-americanos seria efetivamente redigida por estagiários (que os norte-americanos chamam de *law clerks*). Assim, em maior ou menor extensão, juízes seriam, segundo Posner, meros co-autores das decisões que emitem.

E ainda, exprimindo purismo conceitual muito rigoroso, Posner observou que decisões judiciais reproduzem excertos de petições protocoladas por advogados (que provavelmente também não as teriam redigido pessoalmente), a par de outras decisões, de outros juízes, a propósito da formatação e da fixação de precedentes. Juízes, nesse sentido, e ainda reproduzo Posner, se auto-referem como autores das decisões, citando também demais juízes como se autores das respectivas decisões também o fossem. E Posner justificaria a necessidade de que se tenha essa percepção como fato: é que decisões ganhariam a aura de maior credibilidade.

E insiste, com firmeza, que não há por parte do magistrado, e nem haveria, qualquer manifestação de plágio, porquanto há proximidade com o trabalho, que orienta, ordena, fixa, altera, edita. O plágio judicial é moralmente indefensável, em qualquer de suas formas. Trata-se de violação ética (cf. DURSHT, 1995, p. 1255). Posner não tem solução para a questão.

A fixação da autoria do trabalho, nesse sentido, é imperativa. A ordem jurídica nada perderia se junto a qualquer decisão ou petição se identificasse, claramente, a autoria. Por outro lado, a dinâmica da vida forense, e a velocidade com que os textos circulam justificariam – em tese – o que a doutrina norte-americana nomina de *fair use*. O uso de fotocópias, por parte de estudantes, à luz do conceito de *fair use,* em princípio, seria permitido (cf. BARTOW, 1998, p. 149-230). O que, reconheça-se, é problemático.

Fair use é definido como o direito de se usar material protegido por direitos de propriedade intelectual, para propósitos limitados, independentemente da autorização do autor (cf. STIM, 2000, p. 47). Na era digital em que vivemos o *fair use* é conceito seminal para solução de problemas fáticos que se avolumam (cf. CIMINO, 2002, p. 203-221).

O *leading case* deu-se na ação ajuizada pela *Universal Studios, Inc.* e *Walt Disney Production* contra *Sony Corporation,* fabricante do aparelho de videocassette *Betamax,* em 1976 (17 U.S.C. § 107). Discutia-se o uso doméstico de cópias de filmes, protegido, em favor dos proprietários do *Betamax,* com base na doutrina do *fair use,* que prevaleceu.

Há situações nas quais a imputação de autoria torna-se efetivamente impossível. É o caso, por exemplo, da utilização de passagens de Heródoto pelo cinema (cf. NIMMER, 2004, p. 6). Reporto-me ao filme *O Paciente Inglês,* adaptação de obra literária, que em cena muito densa fotografa protagonistas dialogando a partir de passagens do historiador grego, a quem a cultura ocidental imputa a paternidade da ciência de Clio.

Reconheça-se que há vezes que a não identificação da fonte faz parte da intenção do autor, em jogo de imagens de muita recorrência, fixando pastiches e paródias, a exemplo do que Umberto Eco fixou em *O Nome da Rosa,* questão trazida para o conjunto de textos do *Law and Literature* por Ian Ward (cf. WARD, 1995, especialmente p. 172 e ss.).

A paródia seria exercício de liberdade de expressão, à luz do conceito norte-americano de *fair use* (cf. GOETSCH, 1980, p. 39). Do ponto de vista analítico, a doutrina do *fair use* teria de conviver com antinomias entre propriedade intelectual e privacidade, a propósito da utilização de trabalhos não publicados (cf. GAFFNEY, 2001, p. 233-259).

E Posner expõe fato aferível. O direito é campo do conhecimento que confere pouquíssimo valor à originalidade. Pelo contrário, não há incentivo à inovação e à imaginação institucional. Fala-se do que já existe, justifica-se o existente como absolutamente necessário, percepção também alcançada por Roberto Mangabeira Unger, talvez um dos primeiros a denunciar esse estado de coisas, que qualifica pobreza conceitual que engessa a reflexão jurídica. Argumenta-se em favor do uso do precedente, no sentido de que a inovação desestabilizaria o direito, o que a literatura especializada brasileira denominaria de *segurança jurídica*.

Para Posner, e o relato é da experiência norte-americana, insisto, para que se evitem mal-entendidos, os magistrados gostariam de protagonizarem o papel de *escravos da lei*, e nunca que seriam seus mestres, ou mesmo que competissem abertamente com as normas que aplicam, ou ainda que seriam legisladores. Assinalar-se-ia afinidade para com tradição que remonta a Montesquieu, e que admitiria o juiz como *a boca pela qual fala a lei,* a valer-me de uma indicação tópica, de um *locus communis,* (...) *"corrompido por la incorrecta oportunidad de su referencia",* a propósito da admoestação de José Calvo (cf. CALVO, 1996, p. 107).

Professores de direito, segundo Posner, seriam menos escrupulosos no que toca ao reconhecimento da origem das próprias idéias. Talvez não quisessem pensar. É que os professores aos quais se referiu Posner também não dariam muito valor à originalidade. Para Posner tal situação estaria se transformando. É que nova geração de professores de direito estaria se identificando mais com professores de outros campos do conhecimento, e que prezam a originalidade. Um novo grupo docente estaria se afastando da mesmice e da recorrência do pensamento jurídico mais acomodado.

Aos professores cabe também tarefa muito importante, no sentido de que devem compreender e combater a epidemia do plágio (cf. THOMAS, 2004, p. 421).Voltando para decisões judiciais, Posner lembra-nos que *law clerks,* ao assinarem os respectivos contratos de trabalho, teriam presente a clara compreensão de que estariam redigindo *para* e *em nome* do magistrado com o qual vão trabalhar. Segundo Posner, a situação não seria a mesma no caso dos assistentes de pesquisa. De fato, de acordo com Posner, a pesquisa pertence ao professor que as oriente; mas não as palavras redigidas pelo pesquisador. Também observou o professor norte-americano que há livros recentes que se vendem, e que são atribuídos a escritores falecidos, cuja participação na obra fora substancialmente diluída por editores ou por colaboradores.

Há muitos livros atribuídos a celebridades que teriam sido integralmente escritos por outros, o *ghost-writer*. Posner exemplifica com uma obra atribuída a Hillary Clinton, cujo contrato proibiria a revelação do verdadeiro autor. Discursos lidos por políticos, por exemplo, são escritos por terceiros.

Em âmbito mais estritamente acadêmico há movimento que sugere que não há justificativas para que professores tomem as pesquisas de seus assistentes, publicando-as como se suas fossem (cf. LERMAN, 2001, p. 492). Do ponto de vista do pesquisador (ou do aluno) que se vê plagiado emerge necessidade de identificação correta de autoria. É que a luta contra prazos, adversidades e dificuldades de pesquisa justificaria recompensa (cf. MIRARCHI, 2000, p. 381). A utilização fraudulenta de material disponível *on line* é provavelmente um dos meios mais comuns de apropriação indevida de trabalho intelectual alheio (cf. GERDY, 2004, p. 431).

Posner também problematiza com questões mais especificamente de literatura forense. Por exemplo, refere-se às petições que o governo norte-americano encaminha à Suprema Corte, assinadas pelo Procurador-Geral, que não as redigiu. Posner sustenta que a assinatura daquela autoridade apenas qualificaria aprovação, e não identificação de autoria. E ainda, lembra-nos que a recusa de assinatura, por parte do Procurador-Geral, poderia suscitar mal estar para o governo daquele país.

Em abono à tese, recorda que Rembrandt assinava quadros desenhados por outros pintores, de sua equipe, de certa forma atestando a qualidade das obras. Não se poderia afirmar que Rembrandt pudesse ser acusado de plágio. Mencionando Foucault e Barthes, Posner enfrenta o problema da autoria. Com base nos pensadores franceses aqui citados, Posner insistiu que *escritor* e *autor* não identificam, necessariamente, a mesma pessoa, de modo que se pode ser autor de determinado livro, sem especificamente ser seu escritor. Posner então refuta a autoria do *Pentateuco* atribuída a Moisés, a dos *Salmos* atribuída a Davi ou a do *Evangelho de Mateus*.

E lembra que na Europa, no entanto, é comum que um professor assine autoria de livro efetivamente escrito por seus assistentes. Porém, como os círculos acadêmicos têm conhecimento do fato, não se admite que a questão caracterize qualquer forma fraudulenta. A referência à complexa questão da autoria dos textos canônicos toca tangencialmente em problemas muito densos de hermenêutica bíblica, a exemplo das chamadas semânticas do testemunho e do *kerigma* da liberdade (cf. RICOUER, 2004, p. 116 e ss.).

Para Posner, com base na legislação norte-americana, não há a tipificação de plágio como crime. O plágio pode substancializar ação que busque perdas e danos pelo desrespeito a direitos de propriedade intelectual ou mesmo eventual quebra contratual entre autor e editor. Questionando se o plágio deveria configurar crime ou *tort,* isto é, mera indicação de dano patrimonial, Posner insiste que plágio é fraude, e que deve ser sancionado por medidas de ordem privada, e com alcance patrimonial. Até porque o plágio estigmatiza quem o fez, levando o plagiador à posição patética.

Posner também abordou o problema do *autoplágio*. Não só tratou de quem se repete à exaustão, como também de quem vende direitos autorais próprios, não preservando a possibilidade de republicar o próprio trabalho, fazendo-o, no entanto. Para Posner, o *autoplágio* sugere a figura de uma loja que cobra duas vezes pelo mesmo item vendido.

Do ponto de vista conceitual, Posner percebe diferenças entre a prática do plágio e a infração a Direitos de propriedade intelectual. O conceito de plágio, segundo Posner, é moderno. Decorre do culto romântico à originalidade. Posner historia a trajetória da expressão. *Plagiarius* seria aquele que roubava o escravo de outrem, ou que escravizava pessoa livre. O uso em âmbito literário fora originalmente de Marcial. O Epigrama nº 52, de autoria do escritor romano, evidenciava a aplicação do termo em sentido metafórico, com referência a outro poeta, que teria usado indevidamente versos de autoria originária de Marcial.

William Shakespeare fora acusado de ter plagiado Robert Greeve. No entanto, segundo Posner, à época do bardo inglês entendia-se a criatividade como o esforço que propiciasse a melhora do original, e não como algo ordinariamente original. Isto é, no renascimento inglês tinha-se a originalidade como o resultado de mera *imitação criativa*. Posner vincula o conceito de plágio à compreensão cultural ocidental centrada no individualismo (e seus mitos) e no culto à originalidade, tomada em sua dimensão identificadora de competitividade. Nesse sentido, Posner refere-se ao mal estar que o sentido de plágio suscita nos pós-modernos.

Ilustrativa da assertiva é a fixação de Umberto Eco com o pastiche, com a bricolagem, que se exemplifica com a concepção do enredo e do texto de *O Nome da Rosa* e de *Vozita*. Aquele primeiro avança em textos medievais, este último, em Nobokov. Para Posner, a imitação criativa, nesse sentido explorado pelo pastiche, não seria tão-somente legado clássico ou da era renascentista; seria imperativo do mercado competitivo contemporâneo.

É o que justificaria, por exemplo, a recorrência da série *Rambo,* protagonizada por Sylvester Stallone, bem como atuações de Robin Willians, em torno de comportamento que se repete na maioria dos personagens representados. Em seu sentido pragmático, para Posner, quanto maior a possibilidade de se detectar o plágio, menor deveria ser a punição, com exceções, naturalmente.

O trânsito de informações ganhou tamanha dimensão que muitas vezes não se sabe onde se leu, bem como haveria incorporação do pensamento do autor original junto ao autor secundário. De uma certa forma parece que todos lemos os mesmos autores, citamos os mesmos textos canônicos, falamos a mesma língua. O lugar comum por todos usado *desbabeliza* a cultura. Para Posner, trata-se de modalidade de *plágio inconsciente*, que não alcançaria os limites de categorias culposas. É o que Posner nomina de *criptomnésia*. Tomo no original e traduzo o excerto que segue:

> "O plagiador lera algo e lembra-se do conteúdo lido sem se lembrar que lera a informação em algum lugar. Psicólogos têm investigado o fenômeno e acreditam que não há provas de que se pode citar novamente passagens inteiras escritas por outra pessoa e ainda se acreditar que se tenha sido o autor do texto – não há provas de memória fotográfica que

tenha se esquecido do ato de fotografar". (POSNER, cit., p. 97).

Irônico (ou não), o conceito de *criptomnésia* potencializa a moldura econômica que Posner pretende imprimir ao plágio. Para Posner, o que afere o devido pela prática é medido pelo consumidor, ou pelo competidor, isto é, pelo ofendido. Posner parte de premissa que identifica plágio inconsciente, noção que se aproxima ao problema da autoria, como colocado por Foucault.

Assim, o uso de textos ou de idéias de terceiros seria resultado de absorção inconsciente, e não de uso consciente e mal intencionado. O problema é que a *criptomnésia* e o *plágio inconsciente* qualificam recurso retórico que se presta para justificar miríade de infrações. Nesse sentido, ao que consta, para Posner, é o resultado material, concreto e aferível da ofensa que qualificaria o ilícito. O jusfilósofo norte-americano deslocou o plágio da subjetividade do autor para a objetividade da ofensa, moral ou consumerista, plasmando, ainda outra vez, um direito orientado para regras garantidoras de eficácia, e como tal caudatário do desenvolvimento das relações econômicas.

Bibliografia

ADORNO, Sérgio. *Os Aprendizes do Poder*. O Bacharelismo Liberal na Política Brasileira. Rio de Janeiro: Paz e Terra, 1988.

AGUIAR E SILVA, Vítor Manuel de. *Teoria da Literatura*. Coimbra: Almedina, 2000.

ARATO, Andrew e GEBHARDT, Eike. *The Essential Frankfurt School Reader*. New York: Continuum, 2000.

ARAÚJO, José Osterno Campos. *Verdade Processual Penal. Limitações à Prova*. Curitiba: Juruá, 2006.

ARISTODEMOU, Maria. *Studies in Law and Literature: Directions and Concerns*. 22 Anglo-American Law Review, 1993, p. 157-193.

ARISTÓTELES. *Retórica*. São Paulo: Rideel, 2007. Tradução de Marcelo Silvano Madeira.

BARBOSA, Francisco de Assis. *A Vida de Lima Barreto*. Belo Horizonte e São Paulo: Itatiaia e Editora da Universidade de São Paulo, 1988.

BARON, Jane B. *Law, Literature, and the Problems of Interdisciplinarity*. 108 Yale Law Journal, 1998, p. 1059-1085.

———. *The Rhetoric of Law and Literature: A Skeptical View*. 26 Cardozo Law Review, 2004, p. 2273-2281.

BARTOW, Ann. Educational Fair Use in Copyright: Reclaiming the Right to Photocopy Freely. 60 University of Pittsburgh Law Review, 1998, p.149-230.

BASTOS, Aurélio Wander, *O Ensino Jurídico no Brasil*. Rio de Janeiro: Lumen Júris, 2000.

BENJAMIN, Walter. *Illuminations*. New York: Sochen Books, 1985. Tradução do alemão para o inglês de Harry Zohn.

BERMAN, Harold J. *Law and Revolution– The Formation of the Western Legal Tradition*. Cambridge: Harvard University Press, 1983.

BINDER, Guyora e WEISBERG, Robert. *Literary Criticisms of Law*. New Jersey: Princeton University Press, 2000.

BOSI, Alfredo. *História Concisa da Literatura Brasileira*. São Paulo: Cultrix, 2006.

BOYD WHITE, James. *When Word Lose Their Meaning*. Chicago: The University of Chicago Press, 1985.

———. *Heracle´s Bow. Essays on the Rethoric and Poetics of Law*. Madison: The University of Wisconsin Press, 1985.

———. *The Legal Imagination*. Chicago: The University of Chicago Press, 1985.

———, James. *Justice as Translation*. Chicago: The University of Chicago Press, 1994.

BRUBAKER, Stanley C. *The Moral Element in Cardozo´s Jurisprudence*. 1 Cardozo Law Review, 1979, p. 229-256.

CALVO GONZÁLEZ, José (coord.). *Lyberdad y Seguridad – la Fragilidad de los Derechos*. Málaga: Sociedad Española de Filosofia Jurídica y Politica, 2006.

———. *El Discurso de los Hechos*. Madrid: Tecnos, 1998.

———. *La Justicia como Relato*. Málaga: Ágora, 2002.

———. *Derecho y Narración*. Barcelona: Ariel Derecho, 1996.

CAMPBELL, W. John. *The Book of Great Books*. New York: Metrobooks, 1997.

CAMPOS, Francisco. *O Estado Nacional*. Brasília: Senado Federal, 2001.

CÁRCOVA, Carlos Maria. *A Opacidade do Direito*. Tradução de Edílson Alkmin Cunha. São Paulo: LTr, 1998.

CARDOZO, Benjamin N. *Law and Literature*. 48 Yale Law Journal, 1938, p. 489-507.

———. *The Nature of Judicial Process*. New Haven: Yale University Press, 1991.

CIMINO, Cynthia. *Fair Use in the Digital Age: Are We Playing Fair?* 4 Tulane Journal of Technology and Intellectual Property, 2002, p. 203-221.

COLEMAN, Brady. *Lord Denning & Justice Cardozo: The Judge as a Poet-Philosopher*. 32 Rutgers Law Journal, 2000, p. 485-518.

COUTINHO, Afrânio. *Introdução à Literatura no Brasil*. Rio de Janeiro: Civilização Brasileira, 1976.

CUNHA, Paulo Ferreira. *Memória, Método e Direito*. Coimbra: Almedina, 2004.

DERRIDA, Jacques. *Força de Lei*. São Paulo: Martins Fontes, 2007. Tradução de Leyla Perrone-Moisés.

DOMNARSKI, William. *Law and Literature*. 27 Legal Studies Forum, 2003, p. 109-129.

DUONG, Wendy Nicole. *Law is Law and Art is Art and Shall the Two Ever Meet? Law and Literature: The Comparative Processes*. 15 Southern California Interdisciplinary Law Journal. 2005-2006, p. 1-43.

DURSHT, Jaime. *Judicial Plagiarism: It May Be Fair Use But Is It Ethical?* 18 Cardozo Law Review, 1996, p. 1253-1297.

DWORKIN, Ronald. *A Matter of Principle*. Cambridge: Harvard University Press, 1985.

EAGLETON, Terry. *Teoria da Literatura. Uma Introdução*. São Paulo: Martins Fontes, 2006. Tradução de Waltensir Dutra.

ECO, Umberto. *Obra Aberta*. São Paulo: Perspectiva, 1968. Tradução de Alberto Guzik e Geraldo Gerson de Souza.

FARNUM, George. *Justice Benjamin N. Cardozo Philosopher*. 12 Boston University Law Review, 1932, p. 587-598.

FAULK, Martha e MEHLER, Irving. *Elements of Legal Writing. A Guide to the Principles of Writing Clear, Concise, and Persuasive Legal Documents*. New York: Longman, 1994.

FERNANDES, António José. *Direitos Humanos e Cidadania Européia*. Coimbra: Almedina, 2004.

FISH, Stanley. *Don't Know Much About the Middle Ages: Posner on Law and Literature*. 97 Yale Law Review, 1987, p. 777-793.

———. *Is There a Text in this Class?* Cambridge: Harvard University Press, 2003.

FISHER III, William W. et alii (ed.). *American Legal Realism*. New York: Oxford University Press, 1993.

FISS, Owen. *The Bureaucratization of the Judiciary*. 92 Yale Law Journal, 1982, p. 1442-1968.

FOUCAULT, Michel. *A Verdade e as Formas Jurídicas*. Rio de Janeiro: Nau Editora, 1996. Tradução de Roberto Cabral de Melo Machado e Eduardo Jardim Morais.

———. *As Palavras e as Coisas*. Tradução de Salma Tannus Muchail. São Paulo: Martins Fontes, 2002b.

——. *Ditos e Escritos*, vol. III. *Estética: Literatura e Pintura, Música e Cinema*. Rio de Janeiro: Forense Universitária, 2001. Tradução de Inês Autran Dourado Barbosa.

——. *Ditos e Escritos*. Vol. I. Rio de Janeiro: Forense Universitária, 2002. Tradução de Vera Lúcia Avellar Ribeiro.

——. *História da Loucura*. Tradução de José Teixeira Coelho Neto. São Paulo: Perspectiva, 1991.

——. *O Poder Psiquiátrico*. Tradução de Eduardo Brandão. São Paulo: Martins Fontes, 2006.

——. *Os Anormais*. Tradução de Eduardo Brandão. São Paulo: Martins Fontes, 2002c.

FREEDMAN, Samuel. *The Law as Literature*. Saskatchewan Law Review, 49, 1984, p. 319-327.

FREUD, Sigmund. *Obras Completas. Edição Standard Brasileira. Vol. XXIV*. Traduzido do alemão e do inglês sob direção geral de Jayme Salomão.

FULLER, Lon. *O Caso dos Exploradores de Cavernas*. Tradução de Plauto Faraco de Azevedo. Porto Alegre: Sérgio Antonio Fabris, 1993.

——. *The Morality of Law*. New Haven: Yale University Press, 1979.

GAAKER, Jeanne. "The Art to Find the Mind's Construction in the Face," *Lombroso's Criminal Anthropology and Literature: The Example of Zola, Dostoevsky, and Tolstoy*. 26 Cardozo Law Review, 2004, p. 2345-2377.

GAFFNEY, John B. *The Fair Use of Unpublished Works: Where Privacy and Copyright Collide*. 34 Connecticut Law Review, 2001, p. 233-259.

GARAVELLI, Bice Mortara. *Manual de Retórica*. Madrid: Cátedra, 2000. Tradução do italiano para o espanhol de Maria José Vega.

GERDY, Kristin. *Law Student Plagiarism: Why it Happens, Where it's Found and How to Find it*. 2004 Brigham Young University Education and Law Journal, 2004, p. 431-440.

GEWIRTZ, Paul. *Narrative and Rhetoric in the Law*, in GEWIRTZ, Paul e BROOKS, Peter (ed.), *Law's Stories*. New Haven and London: Yale University Press, 1996.

GODOY, Arnaldo Sampaio de Moraes. *Direito & Literatura. Anatomia de um Desencanto: Desilusão Jurídica em Monteiro Lobato*. Curitiba: Juruá, 2002.

GOETSCH, Charles C. *Parody as Free Speech– The Replacement of the Fair Use Doctrine by First Amendment Protection*. 3 Western New England Law Review, 1980, p. 39-66.

GOLDBERG, Arthur. *Wigmore-Teacher and Humanitarian*. 58 Northwestern University Law Review, p. 453-455.

GOULD, W.B. *Dickens and the Law*. 1 Auckland University Law Review, 1967, p. 78-88.

HAND, Learned. *Justice's Cardozo's Work as a Judge*. 72 U.S. Law Review, 1938, p. 496-498.

HAUGH, Alan J. *Richard A. Posner's Pragmatic Jurisprudence*. 9 Irish Student Law Review, 2001, p. 32-51.

HOLLAND, Henry. *Mr. Justice Cardozo and the New Deal Court*. 12 Journal of Public Law, 1963, p. 383-407.

HORKHEIMER, Max e ADORNO, Thedor W., *Dialectic of Enlightenment*. New York: Continuum, 2001.

KAFKA, Franz. *O Processo*. São Paulo: Cia. das Letras, 2005.

KAUFMAN, Andrew L. *Cardozo, Benjamin Nathan*, in Kermit L. Hall (ed.) *The Oxford Companion to American Law*. New York: Oxford University Press, 2002.

——. *Benjamin Cardozo on the Supreme Court*. 20 Cardozo Law Review, 1998b, p. 1259-1273.

——. *Cardozo and the Art of Biography*. 20 Cardozo Law Review, 1998, p. 1245-1257.

——. *The First Judge Cardozo: Albert, Father of Benjamin*. 11 Journal of Law and Religion, 1994, p. 271-315.

KELSEN, Hans. *O que é Justiça?* São Paulo: Martins Fontes, 1997. Tradução de Luís Carlos Borges.

KONEFKSY, Alfred, MENSCH, Elizabeth e SCHLEGEL, John Henry. *In Memoriam: The Intelectual Legacy of Lon Fuller*. 30 Buffalo Law Review, 1981, p. 263-264.

KOTHE, Flávio R. *O Cânone Colonial*. Brasília: Editora da Universidade de Brasília, 1997.

LERMAN, Lisa G. *Misattribution in Legal Scholarship: Plagiarism, Ghostwriting, and Authorship*. 42 South Texas Law Review, 2001, p. 467-492.

LEVINSON, Sanford. *Law as Literature*. 60 Texas Law Review, 1981, p. 373-403.

LIMA BARRETO, Afonso Henriques. *Os Melhores Contos*. São Paulo: Martin Claret, 2002.

——. *O Cemitério dos Vivos*. Rio de Janeiro: Planeta, 2004.

——. *Os Bruzundungas*. Rio de Janeiro: Garnier, 1998.

——. *Toda Crônica*, vol. 1 e 2. Organização de Beatriz Resende e de Rachel Valença. Rio de Janeiro: Agir, 2004.

——. *Triste Fim de Policarpo Quaresma*. São Paulo: Ateliê Editorial, 2001.

MACHADO DE ASSIS, Joaquim Maria. *O Alienista*. São Paulo: FTD, 1994. Edição Escolar. Livro do Professor. Introdução de Aguinaldo José Gonçalves.

MACKELDEN, F. *Manuel de Droit Romain*. Bruxelles: Société Typographique Belge, 1841.

MANGABEIRA UNGER, Roberto. *The Critical Legal Studies Movement*. Cambridge: Harvard University Press, 1986.

MARTINS, Wilson, *História da Inteligência Brasileira*, vol. VI. História da Inteligência Brasileira. São Paulo: Cultrix, 1978.

——. *História da Inteligência Brasileira*. Vol. IV. São Paulo: Cultrix, 1977.

MERQUIOR, José Guilherme. *De Anchieta a Euclides– Breve História da Literatura Brasileira*. Rio de Janeiro: José Olympio, 1976.

MILLAR, Robert W. *John Henry Wigmore– on Behalf of Faculty*. 38 Illinois Law Review, 1943, p. 1-15.

MIRARCHI, Joe. *Plagiarism: What is it? How to avoid it? And why?* 4 T. M. Cooley Journal of Practical & Clinical Law, 2000. p. 381-387.

MORAWETZ, Thomas. *Law and Literature*. In PATTERSON, Dennis (ed.), *A Companion to Philosophy of Legal and Legal Theory*. Malden: Blackwell, 1996.

MORGAN, Sarah B. *Wigmore– The Man*. 58 75 Northwestern University School of Law Review, 1963, p. 461-464.

NIETZSCHE, Friedrich. *Humano, Demasiadamente Humano – um Livro para Espíritos Livres*. São Paulo: Cia. das Letras, 2001. Tradução de Paulo César de Sousa.

NIMMER, David. *The Moral Imperative Against Academic Plagiarism (Without a Moral Right Against Reverse Passing Off)*. 54 DePaul Law Review, 2004, p. 1-77.

NISKIER, Josh. *The (Comic) Tragedy of Formalism in Shakespeare's The Merchant of Venice*. 15 Dalhousie Journal of Legal Studies, 2006, p. 257-272.

NOLASCO-FREIRE, Zélia. *Lima Barreto – Imagem e Linguagem*. São Paulo: Annablume, 2005.

OST, François. *Contar a Lei – As Fontes do Imaginário Jurídico*. São Leopoldo: Editora Unisinos, 2005. Tradução de Paulo Neves.

PEREZ LUÑO, Antonio E. *Los Derechos Fundamentales*. Madrid: Tecnos, 1988.

POLENBERG, Richard. *The World of Benjamin Cardozo– Personal Values and the Judicial Process*. Cambridge: Harvard University Press, 1997.

PORSDAM, Halle. *Legally Speaking. Contemporary American Culture and the Law*. Amherst: University of Massachusetts Press, 1999.

POSNER, Richard. *Cardozo– a Study on Reputation*. Chicago: The University of Chicago Press, 1990.

———. *Economic Analysis of Law.* New York: Aspen, 2002.

———. *Law and Literature.* Cambridge: Harvard University Press, 1998.

———. *The Little Book of Plagiarism.* New York: Pantheon, 2007.

———. *The Problems of Jurisprudence.* Cambridge: Harvard University Press, 1993.

POST, Deborah Waire. *Teaching Interdisciplinarily: Law and Literature as Cultural Critique.* 44 Saint Louis University Law Journal, 2000, p. 1247-1272.

———. *Teaching Interdisciplinarily: Law and Literature as Cultural Critique.* 44 Saint Louis University Law Journal, 2000, p. 1247-1272.

POTTER Jr., Parker B. *Ordeal by Trial: References to the Nightmare World of Franz Kafka.* 3 Pierce Law Review, 2004, p. 195-330.

RAHL, James A. *Wigmore as Professor and Dean.* 75 Northwestern University School of Law Review, 1980, p. 4-7.

REBOUL, Olivier. *Introdução à Retórica.* São Paulo: Martins Fontes, 2004. Tradução de Ivone Castilho Benedetti.

RICOUER, Paul. *Ensaios sobre a Interpretação Bíblica.* São Paulo: Editora Cristã Novo Século, 2004. Tradução de José Carlos Bento.

RITCHIE, John. *John Henry Wigmore, a Tribute.* 58 Northwestern University Law Review, 1963, p. 443-444.

SADE, Marquês de. *Letters from the Prison.* Tradução do inglês para o francês de Richard Seaver. New York: Árcade, 1999.

SARTRE, Jean Paul. *Que é a Literatura?* São Paulo: Ática, 2006. Tradução de Carlos Felipe Moisés.

SCHLAG, Pierre. *Laying Down the Law. Mysticism, Fetishism, and the American Legal Mind.* New York: New York University Press, 1996.

SCHWARCZ, Lilia Moritz. *O Espetáculo das Raças.* São Paulo: Cia. das Letras, 1993.

SEATON, James. *Law and Literature: Works, Criticism and Theory.* 11 Yale Journal of Law and the Humanities, 1999, p. 479-507.

SEVCENKO, Nicolau. *Literatura como Missão. Tensões Sociais e Criação Cultural na Primeira República.* São Paulo: Companhia das Letras, 2003.

SHIENTAG, Bernard. *The Opinions and Writings of Judge Benjamin N. Cardozo.* 30 Columbia Law Review, 1930, p. 597-650.

SMITH, J. Allen. *Law and the Humanities: A Preface.* 29 Rutgers Law Review, 1975, p. 223-227.

SODRÉ, Nelson Werneck, *História da Literatura Brasileira.* Rio de Janeiro: Civilização Brasileira, 1976.

STEGAGNO-PICCHIO, Luciana. *História da Literatura Brasileira.* Rio de Janeiro: Nova Aguillar, 2004. Tradução de Pérola de Carvalho e Alice Kyoto.

STEVENS, Robert. *Law School– Legal Education in America from the 1850s to the 1950s.* Chapel Hill: The University of North Carolina Press, 1987.

STIM, Richard. *Copyright Law.* Albany: West Legal Studies, 2000.

SUMMERS, Robert S. *Judge Richard Posner´s Jurisprudence.* 89 Michigan Law Review, 1990, p. 1302-1333.

SWIFT, Jonathan. *Gulliver´s Travels.* London: Thomas Nelson and Sons Ltd, s.d.

TADIÉ, Jean Yves. *A Crítica Literária no Século XX.* Rio de Janeiro: Bertrand Brasil, 1992. Tradução de Wilma Freitas Ronald de Carvalho.

THOMAS, David. *How Educators Can More Effectively Understand and Combat the Plagiarism Epidemic.* 2004 Brigham Young University Education and Law Journal, 2004, p. 421-430.

TOCQUEVILLE, Alexis de. *A Democracia na América*. São Paulo: Martins Fontes, 2005. Tradução de Eduardo Brandão.

TROTSKY, Leon. *Literatura e Revolução*. Rio de Janeiro: Zahar, 2007. Tradução de Débora Landsber.

TULLIS, Robert Lee. *Benjamin Nathan Cardozo– Jurist, Philosopher, Humanitarian*. 1 Louisiana Law Review, 1938, p. 147-156.

VAUGHAN, Franklin. *Dickens and His Lawyers: A Literary Mystery that Remains Unsolved*. 41, American Bar Association Journal, 1955, p. 595-598.

VENÂNCIO FILHO, Alberto. *Das Arcadas ao Bacharelismo*. São Paulo: Perspectiva, 2004.

VERÍSSIMO, José. *História da Literatura Brasileira*. São Paulo: Letras & Letras, 1998.

WAGGNONER, Alvin. *Mark Twain– Legal Reformer*. 3 Kansas City Law Review, 1934, p. 107-108.

WARD, Ian. *Law and Literature– Possibilities and Perspectives*. Cambridge: Cambridge University Press, 1995.

——. *The Educative Ambition of Law and Literature*. 13 Journal of Legal Studies, 1993, p. 323-331.

WEBER, Max. *Economia e Sociedade*. *Vol. 2*. Brasília: Editora da UnB, 1999. Tradução de Regis Barbosa e de Karen Elsabe Barbosa. Revisão Técnica de Gabriel Cohn.

——. *Max Weber on Law in Economy and Society*. Tradução do alemão para o inglês por Edward Shils e Max Rheinstein. New York: Clarion Book, 1967.

WEISBERG, Richard H. *Entering With a Vengeance: Posner on Law and Literature*. 41 Stanford Law Review, 1988, p.1597-1626.

——. *Coming of Some More: "Law and Literature" Beyond the Cradle*. 13 Nova Law Review, 1988, p. 107-124.

——. *Law, Literature and Cardozo´s Judicial Poetics*. 1 Cardozo Law Review, 1979, p. 283-342.

WELLEK, René e WARREN, Austin. *Theory of Literature*. New York: Harvest Book, 1975.

WERNECK SODRÉ, Nelson. *História da Literatura Brasileira*. Rio de Janeiro: Civilização Brasileira, 1976.

WHITE, Hayden. *Trópicos do Discurso. Ensaios sobre a Crítica da Cultura*. São Paulo: Editora da Universidade de São Paulo, 2001. Tradução de Alípio Correia de Franca Neto.

WIGMORE, John. *A List of One Hundred Legal Novels*. 17 Illinois Law Review, 1922, p. 26-41.

——. *Pontius Pilate and Popular Judgments*. 25 Journal of American Judicature Society, 1941, p. 60-61.

ZELERMYER, Benjamin Andrew. *Benjamin N. Cardozo: A Directive Force in Legal Science*. 69 Boston University Law Review, 1989, p. 213-256.